좋으신 하나님을 만나고 그분의 선하신 뜻을 따라 살기 원하는 모든 그리스도인들이 공감할 보편적 진실을 열두 편의 이야기에 모자이크처럼 다양한 모양과 색깔로 담아낸 책이다. 빼어난 문학작품도 흉내내기 어려운 진실의 흡입력으로 처음부터 끝까지 내려 읽게 된다. 복음 사역자들의 글이 자칫 빠지기 쉬운 미화와 과장의 함정이 여기엔 없다. 이 글에서 거듭 전달되는 현저한 감정은 자신과 상황에 대한 절망이다. 선교사의 절망이 약점으로 인식되는 문화이기에, 그것을 여과없이 드러내는 진솔한 이야기가 역설적으로 마음을 사로잡는다. 절망이라는 벌거벗은 감정을 통해, 각 이야기의 화자들은 삶과 사역의 밑바닥에서 비로소 자아의 누추한 민낯을 대면하고, 거기서 만나는 하나님이 왜 상황을 초월하여 선하신 분인지 깨닫는다. 멸망하는 세상의 불쌍한 영혼들을 구하겠다는 선교적 헌신마저 부질없는 치기였음을 인정하는 순간, 건강한 포기와 함께 하나님의 주권적 섭리에 하릴없이 기대게 된다. 사막에서 자두나무를 자라게 하시는, 불가능을 가능케 하시는 하나님의 절대주권에 기대야 할 대상은 미전도종족뿐 아니라 선교사를 포함한 모든 그리스도인을 포함한다. 그래서 이 책은 우리 모두가 함께 읽고 고민하고 성찰하며 대화해야 할 교본이다. 열두 번의 큐티나 소그룹 성경묵상 교재로 사용해도 좋겠다.

정민영 | 인터서브 이사, 전 국제위클리프 부대표

한 공동체가 그 정체성을 유지 계승 전달시키는 데 가장 유효한 방식은 '스토리텔링'이다. 문자가 발명되기 이전에 인류는 오래전부터 스토리텔링으로 공동체의 정체성을 다음세대에게 구전 전승했다. 그런 점에서 인터서브가 선교사들의 이야기를 모아 다음세대에게 들려주기로 한 것은 공동체의 정체성을 재생산하는 탁월한 방식이라 하겠다. 이 책에는 선교 현장에서 헌신하는 선교사들의 신앙과 내면의 갈등, 모험과 감동이 생생하게 담긴 스토리로 가득 차 있다. 이 이야기를 주변의 형제자매, 특히 자녀들에게 읽게 하여 선교적 상상력이 더욱 풍성해지는 은혜가 넘치기를 기도한다.

이문식 | 광교산울교회 담임목사

책을 읽는 내내 웃고 울며 감탄했다. 무엇보다 주님께 감사하게 되었다. 복음을 나눌 수만 있다면, 하나님이 신실하시고 당신의 교회를 세우고 계심을 증거할 수만 있다면, 그 어떤 극한 곳에서도 예수 그리스도를 위한 삶의 특권뿐 아니라 대가마저 기꺼이 내 것으로 받아들이는 실제 사람들의 이야기가 여기에 있다. 이 책의 주인공은 참으로 주님이시다. 저자는 우리 삶 속에서 일하시는 주님의 이야기를 따뜻하고 진실하며 사려 깊게 써 내려 간다. 우리로 하여금 기도하고, 다른 문화와 다른 신앙의 사람들에게 사랑으로 다가가며, 세계선교를 향한 주님의 목적에 전심으로 헌신하도록 이끈다.

로즈 도우셋 | 선교사, 전 국제인터서브 이사회 의장

전 세계 다양한 나라와 환경 속에서 160년의 선교 역사를 이어 온 인터서브의 선교사들이 각기 다른 이야기를 통해 오늘날 우리 시대의 선교에 대한 유연하고 혁신적인 접근법을 생생하게 보여 주고 있다. 재미있고 도전적인데다 유익한 정보까지 제공하는 이 책을 기쁜 마음으로 적극 추천한다.

마틴 골드스미스 | 선교사, 올네이션 크리스천 칼리지 선교학 교수

사막에 자두나무가 자란다

나오미 리드 지음, 문세원 옮김

The Plum Tree in the Desert

First published in 2015 by Authentic Media Limited,
PO Box 6326, Bletchley, Milton Keynes MK1 9GG
and Authentic Media Limited, PO Box 28,
West Ryde NSW 2114, Australia
Alll rights reserved.

사막에 자두나무가 자란다

초판 1쇄   2020년 6월 10일
초판 2쇄   2022년 7월 29일

지은이   나오미 리드
옮긴이   문세원
표지 그림   한규선
내지 그림   Sarah K. Lee
펴낸이   김정미
펴낸곳   앵커출판&미디어
출판등록   106-90-75402
주소   서울시 강북구 수유동 469-171
대표 전화   010-8573-0801
이메일   anchorpnm@gmail.com

ISBN 979-11-86606-12-4 03230

여호와께 노래하여 그의 이름을 송축하며
그의 구원을 날마다 전파할지어다.
그의 영광을 백성들 가운데에,
그의 기이한 행적을 만민 가운데에 선포할지어다.

시편 96:2-3

차례

서문

2012년은 인터서브가 아시아와 아랍 지역을 섬긴 지 120년이 되는 해다. 당시 나는 10년 가까이 국제본부 총재를 맡고 있었다. 처음 기록된 우리의 역사가 여전히 존재하고 있음을 발견하고는 어찌나 기쁘던지. 비록 멀리 떨어진 서가에 보관된 문서였지만 전자문서화된 덕분에 원격으로 찾을 수 있었다. 자리잡고 앉아서 초창기 다섯 해의 역사를 읽으며 교회, 제자훈련, 총체적 선교, 공동체를 섬기는 사역이 인터서브의 탄생과 함께 시작되었음을 다시 한번 확인할 수 있었다. 흥분되는 일이었다. 우리는 인터서브의 목적을 재확인하는 작업의 일환으로 '다음세대 세우기'Building the Next Generation 프로젝트를 막 출범한 상태였는데, 우리가 탐구하던 많은 부분이 인터서브 역사의 최초 기록물인 『해 뜨는 곳을 향하여』Toward the Sunrising*에 서술되어 있었다. 하나님은 진정한 건축 명장이시다!

하지만 우리가 마지막으로 인터서브의 역사를 기록한 것은 벌써 25년 전의 일이다. 나는 역사를 좋아하는 사람이지만 리더십 팀과 얘기하던 중 뭔가 다른 필요성을 느꼈는데, 인터서브를 섬기는 멋진 이들의 이야기를 알리자는 것이었다. 이 일을 통해 평범한 이들을 택하여 그들 안에서, 그들을 통해 비범한 일들을 이루시는 하나님과 그분의 능력을 찬양하고 싶었다. 다음세대가 하나님의 위대한 선교 역사에 동참할 수 있도록 용기를 주고 싶었다. 2012년 말, 우리는 나오미 리드에게 연락하여 그런 책을 쓸 의향이 있는지를 물었다. 인터서브 파트너들의 최근 이야기를 담는 동시에 놀랍고 풍성하며 끊이지 않는 하나님의 역사를 상기시켜 줄 책 말이다.

폴 벤더 새뮤얼

옥스포드센터 포 미션 총장/전 인터서브 국제대표

---

* *Toward the Sunrising*, J. K. H. Denny(1901 Marshall Brothers and Zenna and Bible Medical Mission).

한국어판 서문

사막. 어린 시절 들었던 사막은 뜨겁고 마르고 생명이 없는 곳이었다. 어른이 되어 경험한 사막은 달랐다. 그 뜨거움으로 인해 그늘은 전혀 경험치 못한 시원함을 주었고, 메마름으로 인해 시냇물과 나무들은 진정한 쉼을 주었고, 밤이 되니 수많은 별들이 하늘을 채우며 그 아래 사람들과 자연에 신비한 생명력을 선사했다.

　20년의 선교사 생활. 언제부터인가 선교를 다르게 생각하게 되었다. 과거에는 어떻게 효율적으로 열심히 복음을 증거하고 사람들을 훈련할까를 놓고 씨름했다면, 이제는 어떻게 하면 성령님께서 일하실 수 있도록 건강하게 타문화권에서 살아가며 사람들과 깊게 관계 맺을까를 생각한다. 하나님은 이미 일하시고 지금도 우리 모두를 각자의 모습 그대로 당신의 선교에 초청하신다. 구원의 은혜 못지 않은

이 놀라운 은혜의 초청! 예수님의 죽음이 하나님과의 새로운 관계의 문을 연다면, 예수님을 따라 사는 삶은 지금 살아 계셔서 일하시는 하나님과의 교제의 문을 연다.

이 책에 담긴 열 개의 스토리는 여러 상황 속에 있었던 여러 삶의 이야기들이다. 편견과 전통과 폐쇄적인 사막과 같은 현실이 있기에 삶 자체가 어떻게 선교가 될 수 있는가를 관찰할 수 있다. 긴 호흡, 진실한 자아의 발견과 정직한 소통, 진정성 있고 깊은 관계, 기도와 성찰, 성령을 의지함, 예수 그리스도를 바라봄. 다양한 모습의 삶 가운데 하나님은 자두 같은 귀한 열매를 만드시고 여물게 하신다. 우리의 삶이 곧 하나님의 선교다. 뜨겁고 메마르며 생명력 없는 사막 같은 상황이기에 삶은 오히려 더욱 시원하고 쉼을 주며 생명을 불어넣는 열매를 맺는다.

조 샘

인터서브 코리아 대표

들어가는 글

2012년 6월, 나는 메마르고 공허한 기분에 사로잡혀 있었다. 가까운 친구가 뇌종양으로 세상을 떠났는데 그 사실을 도저히 받아들일 수 없었다. 지금도 여전히 믿기지 않는다.

피터와 그의 아내 로빈은 인터서브 파트너로 5년간 우리와 함께 네팔에서 섬겼고, 나중에 호주로 돌아온 후에도 특별한 우정을 이어 갔다. 우리는 달밧(쌀과 렌틸 콩으로 만든 네팔 전통음식)을 함께 먹었고, 함께 휴가를 보냈으며, 함께 기도하고, 함께 카드놀이를 하면서 다시 네팔로 돌아갈 꿈을 꾸었다. 함께 말이다. 그게 언제가 되는지, 아직 고등학생인 자녀들 문제는 어떻게 처리할 건지 대책도 없으면서 돌아갈 꿈을 꾸었다.

그러던 중 2011년 9월, 피터가 직장에서 쓰러졌다. 구급차에 실려

네피언병원으로 이송되었고 그 길로 피터는 직장으로도, 네팔로도 영영 돌아가지 못했다. 2012년 6월, 그는 54세의 나이로 세상을 떠났다. 대런은 로빈과 그의 딸들과 더불어 추모사를 낭독했고 우리는 함께 울었다. 우리는 피터의 관에 노란 장미를 얹었다. 그러고는 앙상한 나뭇가지만 남은 겨울 날, 밖으로 나가 그를 실은 영구차가 교회를 빠져나가 폴스 로(路)로 내려가는 것을 지켜보았다.

그 후 몇 달이 지나도록 나는 책상 앞에 앉아 생각을 모아 보았지만 도통 글이 써지지 않았다. 나는 우리가 키우는 비글(사냥개의 일종)을 데리고 오래도록 산책을 하다가 석호 근처에 멈춰 서서 백합을 바라보기도 했다. 기도도 해보려고 했지만 아무 말도 나오지 않았다. 내 안에 있던 언어가 어디론가 사라진 듯 텅 빈 것 같았다. 어쩌면 사고로 손이 잘린다고 해도 내 속에서 아무 말도 나오지 않으리라. 물건을 사러 상점에 가고, 가족을 위해 식사를 준비하고, 아이들의 학교 숙제를 도와주고, 욕실을 청소하고, 대런과 대화를 나누었지만 여전히 새로운 글은 떠오르지 않았다. 그런 상태가 영원히 이어질 것만 같았다.

그러던 어느 날 여전히 멍한 가운데 피터라면 내게, 혹은 우리 중 누구에게 글 쓰는 일과 네팔에 대해, 인생과 목적에 대해, 영원히 예수님과 함께하는 삶에 대해 뭐라고 했을지 궁금해졌다. 피터라면 "잘 견뎌야지. 그분은 여전히 하나님이시니까. 영원이란 그만한 가치가 있는 거야"라며 격려해 주지 않았을까? 아니면 서로 깊이 사랑하라고, 용서하고 계속 삶을 이어 가라고 말했을까? 그가 살아 있는 동안 질문이라도 실컷 할 걸 그랬나? 그의 삶에 대한 이야기를 조금이라도 써둘 것을……. 그가 포카라에서 보낸 몇 해, 티벳에서 보낸 몇 달, 그와 로빈 그리고 우리 부부가 병실에 함께 앉아 있던 날, 자신이 다니엘서에 나오는 사드락같이 느껴진다고 말하던 순간들을 말이다. 피터는 하나님이 그를 치유하실 수 있는 분임을 알고 있었다. 언제든 그분의 뜻이라면. 혹 그걸 몰랐더라도 그는 여전히 하나님을 섬겼으리라. 여전히 하나님을 찬양했으리라.

12월, 창밖의 자카란다 나무에 보라빛 작은 꽃들이 피었다. 나는 꽃에 가까이 다가가 일일이 살펴보며 사진 찍는 일에 시간을 보냈다. 가만히 보고 있자니 그 작은 꽃송이들이 피어나는 데도 순서가 있었다. 각자의 시간이 정해져 있어 피었다가도 일정한 날이 지나면 지곤 했다. 그렇게 일주일이 흘렀다.

나는 마침내 카메라를 내려놓고 컴퓨터 앞에 앉았다. 글 쓰는 게 천천히 돌아오기 시작했다. 내가 어떤 글을 쓰고 싶은지 알 것 같았다. 다른 사람들의 이야기를 쓰고 싶었다. 그들의 믿음과 섬김, 그리고 하나님의 때에 대해, 험한 길임에도 사람들을 계속 걷게 하는 힘에 대해 탐구하고 싶었다. 안팎으로 모든 것이 메마르고 공허하고 황폐할 때 견딘다는 것은 무엇이며, 하나님께 속한다는 것은 무엇일까? 하나님은 어떻게 당신의 길과 영광을 놀랍고 진기한 방법으로 드러내고 계실까? 머나먼 땅에서 혹은 우리 주변에서 믿음을 갖게 된 이들은 어떤 사연을 가지고 있을까? 그들이 들려 주는 고난과 시련, 선교와 우리 삶의 가치는 어떤 이야기들일까? 모든 것이, 그러니까 침대에서 일어나는 것조차 너무나 힘들기만 한 때에 말이다. 그런데 그런 사람들과 그런 이야기들을 어디서 찾아낸담?

2012년 12월 말, 인터서브 국제본부 총재 폴 벤더 새뮤얼이 내게 이메일로 이렇게 물어 왔다. "나오미, 얼마 전부터 인터서브에 관한 책을 써야겠다고 생각하고 있습니다. 아시아와 아랍 세계에서 섬기고 있는 우리 인터서브 파트너들이 지난 25년간 지킨 믿음과 선교 이야기 중에서 가장 멋진 내용으로 책을 내고 싶습니다. 혹시 이런 종류의 집필에 관심이 있나요?"

관심이 있다마다. 나는 20초도 채 생각하지 않고 바로 대답했다. "그럼요, 물론이죠!" 나는 진정하려고 애썼다. 이 소식을 대런과 나누었다. 그리고 우리는 기도했다. 여행 일정, 시기, 기한 등 궁금한 게 많았다. 특히 큰아들이 고등학교 졸업반이었고 대런이 박사과정 마무리 단계에 있었기에 더욱 그랬다. 나는 폴과 스카이프 통화를 했고 그는 내 질문에 모두 답해 주었다. 우리는 집필에 착수하기로 합의했다. 하나님은 우리에게 선한 계획을 제시하실 뿐 아니라 그것을 실행할 수 있는 능력까지 주시는 분임을 믿으며……

쿠알라룸푸르로 날아가 국제본부의 리더십 팀과 만나서 책에 대한 그들의 비전을 듣는 것이 우선이었다. 2013년 2월이었다. 일정을 짜고 후보를 물색하며 열 개의 장(章)을 기준으로 그에 따른 나라, 파트너, 주제를 정했다. 최대한 다양한 이야기들을 수집하고 싶었다. 나는 후보 명단에 오른 파트너들에게 이메일을 보내기 시작했다. 어디서 섬겼는지, 그게 언제였는지, 그들이 마주했던 시련과 도전은 어떤 것들인지, 오랜 시간 현장을 지키며 배운 것과 누린 축복은 무엇인지 등을 물었다. 각 장을 구성하기 위한 윤곽 잡기였다.

쿠알라룸푸르에 있는 동안 이메일 회신이 들어오기 시작했다. 이메일을 열어 보니 시련과 도전 속에서 살아온 인터서브 파트너들의 이야기가 들어 있었다. 폭격 속에서, 사스 전염병이 창궐하는 중에 살아남은 이야기, 강간 당할 뻔한 이야기, 로켓 공격, 총으로 위협 당한 이야기, 사람들이 죽어 나가던 모습, 강제 추방, 동료가 살해 당하는 것을 목격한 이야기, 누구를 의지할지 몰라 막막하던 시절의 이야기 등. 그것은 시작에 불과했다.

나는 이메일들을 출력한 후 가서 차 한 잔을 더 끓여 왔다. 그 기간 중 하나님께서 보여 주신 것은 무엇이었냐는 질문에 대한 답변은 훨씬 더 길었다. 그 안에는 하나같이 하나님의 선하심에 대한 내용이 들어 있었다. 삶이 정말 힘든 순간에도 하나님만을 신뢰하고 인내하며 계속 걸어간다는 것이 무엇을 의미하는지 이야기하고 있었다. 우리는 하나님보다 더 많은 것을 줄 수 없는, 아무 소망 없는 죄인일 뿐이지만 동시에 대책 없이 사랑받는 존재라는 것이 그들의 간증이었다.

나는 자리에 앉아서 생각했다. 이 책은 나를 위한 것이라고, 여기에 담긴 모든 교훈은 나를 위한 것이라고, 내가 오늘 읽고 배워야 할 것들이 바로 이 이야기들이라고 말이다.

나오미 리드

성도들의 인내와 믿음이 여기 있느니라.

요한계시록 13:10

이야기를 찾아서

브라이언과 크리스틴의 이야기

브라이언과 크리스틴의 이야기로 작업을 시작하기로 했다. 이들의 이야기는 좋은 출발점이 되었다. 두 사람은 1985년부터 2006년까지 21년간 남아시아와 아라비아 반도의 4개국을 경험한 이들이다. 그 기간 동안 브라이언은 교사 훈련과 중동 지역 아랍어 과정을 만드는 사역에 참여했고, 크리스틴은 의료기술을 활용하는 일을 했다. 2006년 귀국 후, 브라이언은 이슬람학센터에서 강의를 시작했고 단기여행팀을 꾸려 중동 국가들을 방문하기도 했다. 크리스틴은 집 근처에서 보건의로 섬겼다. 폴이 나더러 브라이언과 크리스틴을 인터뷰하라고 권한 바로 그 순간부터 나는 그들을 만나고 싶었다. 언젠가 인터서브 컨퍼런스에서 그들을 만난 적이 있었다. 브라이언이라면 그가 들려 주는 이야기와 열정으로 금세 사람들의 마음을 끌어당기리라. 크리스틴의 얼굴에는 깊이와 유머가 공존하는 아름다움이 서려 있었다. 좋은 이야깃거리가 있는 사람, 아니 커플을 찾는다면 단연코 브라이언과 크리스틴일 것이다.

2013년 가을, 나는 남쪽으로 가는 비행기를 타고 이들 부부가 살고 있는 도시로 향했다. 때마침 점심 시간에 도착했다. 식탁에는 갓 구운 빵과 검은 올리브가 차려져 있었다. 우리는 식탁에 앉아 마지막으로 만났던 5년 전 인터서브 컨퍼런스를 떠올리며 대화를 시작했다. 그 사이에 브라이언이 60세 생일을 맞이했다는 소식도 들었다. 그 생일파티에서 브라이언이 슈퍼히어로로 복장을 하고 찍은 사진을 크리스틴이 보여 주었다. 점심을 먹으며 사진을 봤는데 사진 속의 모습들이 어쩌나 브라이언답던지 나는 한참을 웃었다. 브라이언은 자기 앞에 놓인 새로운 가능성과 모험을 기대하며 당장 춤이라도 출 것 같은 얼굴을 하고 있었다. (실제로 그는 그런 사람이다.)

우리가 빵에 버터를 바르는 사이 그의 휴대전화가 여섯 번이나 울렸다. 첫 번째 전화는 주변에 복음을 듣고 싶어 하는 이란인 단체가 있다고 전해 주는 지인의 연락이었다. 다음은 이란어 성경이 필요하다는 요청이었다. 다음 전화는 곧 세례식이 있을 것이라는 소식이었다. 물론 그 지역에서였다. 그리고 단기 영어교사로 섬길 사람들을 보내 달라고 부탁하는 전화가 리비아에서 왔다. 한 5개월간? 곧이어 그들은 다시 전화를 걸어 자신들의 요청에 단서를 달았다. 솔직히 5개월간 일할 영어 교사를 찾고 있긴 한데 혹시 브라이언 본인이 직접 와 줄 수는 없는지…….

브라이언은 식탁의자에 등을 기대고 앉아 빵을 집어들더니 내게 말했다. "그런데 들려 드릴 만한 이야기가 있을지 잘 모르겠네요."

나는 두 사람을 보며 미소 지었다. "어떻게 사역을 시작하게 되었는지부터 들어볼까요?"

브라이언은 독실한 가톨릭 집안에서 자랐다. 매일 저녁 묵주 기도는 드려야 했지만 성경을 읽으라거나 성경 이야기를 순서대로 맞춰 보라고 요구하는 가족은 없었다. 브라이언은 예수님을 순교자나 고난의 본보기 정도로 알고 있었을 뿐 예수님이 왜 그러셔야 했는지는 전혀 이해하지 못했다. 이후 브라이언은 과학 전공으로 대학에 들어가 그곳에서 처음으로 복음을 듣게 되었다. 그는 당시를 이렇게 회상했다.

"캄캄한 터널을 빠져나와 바깥 세상으로 나온 기분이었죠. 그러고 나와서 꽃과 햇살이 가득한 아름다운 계곡을 보는 기분이랄까요? 그제서야 예수님이 내 문제를 해결하시기 위해, 내 죄의 문제를 다루시기 위해, 내게 새 생명을 주시기 위해, 그것도 차고 넘치도록 주시기 위해 돌아가셨다는 것을 깨달았어요. 이전에는 전혀 알지 못했던 사실이었어요. 그런데 거기서 끝나지 않았지요. 예수님은 계속해서 나의 죄 문제를 해결해 주셨고 나를 전혀 다른 사람으로 바꿔 가셨어요. 그건 정말 놀라운 일이었어요."

복음을 깨달은 동시에 브라이언은 한 가지 의문이 생겼다. 왜 그동안 아무도 말해 주지 않은 걸까? 왜 아무도 이 아름다운 계곡이 있다고 말해 주지 않았을까? 미리 알았더라면 진작 찾아가 보았을 것을……. 그때부터 줄곧 브라이언은 지시봉이 되고 싶었다. "저 계곡을 보세요"라고 알려 주는 안내자 말이다.

얼마 후 그는 크리스틴과 사랑에 빠져 결혼했다. 둘은 집 근처 교외에서 열린 선교대회에 참석했다. 그곳에서 강사에게 지금 그들이 사는 세상에는 동네마다 교회가 있지만, 무슬림권에는 전 세계를 통틀어 단 2천 명의 선교사만 있다는 말을 들었다. 무슬림들이 마음이 굳어서 복음을 거부하는 게 아니라 단지 복음을 들어본 적이 없을 뿐이라는 것이 강사의 요지였다. 브라이언과 크리스틴은 그곳에 가야 할 사람이 바로 자신이라고 확신했다. 그들은 그곳에서 활용할 기술이 있었고, 그곳 사람들에게 지시봉이 되어 아름답고 멋진 계곡을 보여 주고 싶었다. 정확히 1년 후 1985년, 그들은 인터서브 파트너가 되어 파키스탄으로 향했다.

나는 펜을 집어들기 위해 식탁 쪽으로 몸을 숙이면서 이렇게 생각했다. '이제부터 이야기가 시작되겠군.'

시작은 쉽지 않았다. 브라이언과 크리스틴, 그리고 생후 3개월 된 그들의 아들은 카라치(파키스탄의 제1해항이자 옛 수도)의 하층민 주거지에 위치한 방 네 개짜리 아파트로 들어갔다. 밝은 분홍색 건물 외벽에는 방범용 창살에 커튼만 드리워져 있을 뿐 정면으로 난 현관은 찾아볼 수 없었다. 셔터 내린 창문이 몇 개 있었지만 유리창은 없었다. 화장실은 집 밖에 있었다. 이웃에서 들여다보거나 이웃집까지 소리가 들리기에 딱 좋은 위치였다. 특히 아파트 위층에 사는 집주인에겐 더욱 그랬다. 브라이언이 설사병이 날 때마다 이웃들이 금세 알고는 다음날 아침에 크리스틴을 찾아와 남편의 안부를 물었다. 그들은 집안으로 들어와 이것저것 물으며 찬장에 어떤 식재료를 두고 사는지 살펴보았다.

크리스틴이 미소를 띠며 말했다. "우리는 그래야 한다고 들었어요. 현지인처럼 살아야 한다고요. 집을 개방하고, 그들처럼 먹고 입고 이야기하고, 그들과 같은 교통수단을 사용하고, 그들을 집으로 초대하고…… 현지인에게 완전히 동화되어야 한다는 거죠. 우리는 그렇게 되려고 노력했어요. 매일요. 참 힘들더라고요. 우리의 첫 자전거가 생각나네요. 우리 네 식구가 그 작은 자전거에 끼어 탔던 기억이요. 당시 저는 둘째를 임신 중이었어요. 선교사라면 당연히 그래야 하는 줄로만 생각했거든요. 그래서 첫째는 앞에 달린 바구니에 앉히고 저는 뒤편의 짐 싣는 받침대에 올라탔어요."

이들을 정말 힘들게 한 것은 화장실이나 현관문이나 자전거가 아니었다. 이웃과 신뢰할 만한 관계가 되어 마침내 복음을 전하게 되는 순간을 이제나저제나 하염없이 기다려야 한다는 사실이 브라이언을 절망스럽게 했다. "그들과 친해지려고 몇 시간 동안 함께 앉아 있었습니다. 차만 마시면서요. 사실 그거야 어려울 게 없지요. 하지만 저는 당장 지시봉이 되고 싶었거든요. 사람들을 계곡으로 인도하는 안내자 말입니다. 그들이 정말 예수님에게 관심이 있는 걸까 싶어 자꾸 마음이 조급해졌답니다." 브라이언이 말했다.

"그 점에서 브라이언과 저는 달라요." 크리스틴이 웃으며 덧붙였다. "저는 그런 건 힘들지 않았어요. 친구를 사귀기 위해 몇 시간이고 앉아서 차를 마시거나 과일을 깎을 수 있어요. 하지만 브라이언

은 깊은 대화를 원했어요. 왜 그렇지 않겠어요? 그럴 수 없다는 것이 브라이언에겐 굉장히 힘든 일이었을 거예요."

아홉 달이 흘렀다. 브라이언과 크리스틴은 본국으로 돌아가고 싶어졌다. 아들이 아플 때마다 그들은 생각했다. "그래, 이제는 떠날 때가 된 거야." 다행히 그러한 변명은 떠날 만한 충분한 이유가 되지 못했다. 결국 그들은 본국으로 철수하는 대신에 수도 북쪽에 위치한 구릉지대에서 집중 어학 과정을 시작했다. 그곳에서 지내면서 만난 노부부가 있는데, 그들이 브라이언과 크리스틴에게 이렇게 조언

"우리는 그래야 한다고 들었어요.
현지인처럼 살아야 한다고요.
집을 개방하고,
그들처럼 먹고 입고 이야기하고,
그들과 같은 교통수단을 사용하고,
그들을 집으로 초대하고……
현지인에게 완전히
동화되어야 한다는 거죠."

해 주었다고 한다. "괜찮습니다. 굳이 그렇게 힘들게 사실 필요 없습
니다. 편하게 지내세요."

브라이언과 크리스틴은 카라치에 있는 분홍색 집으로 돌아갔다.
브라이언은 혼다 70이라는 오토바이를 구입했고, 크리스틴은 벽에
그림을 걸고 창문에 커튼을 달았다. 앞마당에서는 화분을 가꿨다.
이웃들과 차 마시는 일도 계속했다. 그러다가 영어가 통하는 친구를
사귀게 되었는데, 크리스틴은 그를 통해 인근 빈민가의 노숙자 돕는
일에 참여할 기회를 얻었다. 그들을 찾아가 약을 주며 돌보고 함께
이야기하며 사랑을 전할 수 있는 기회였다.

같은 시기에 브라이언은 그저 함께 차만 마시는 게 아니라 복음
에 관심을 보이는 이들을 만나게 되었다. 알고 보니 근처에 통신과
정으로 운영하는 성경학교가 있었는데, 최근 졸업생들을 중심으로
매월 정기적으로 만나 궁금한 점들을 나누는 모임을 가지고 있었
던 것이다. 브라이언이 먼저 찾아가 그 모임에 참석했고, 곧 예수님
에 대해 진지하게 알고자 하는 이들과 교류하게 되었다. 그렇게 3년
이 지나면서 브라이언과 크리스틴은 우르두어에 능통해졌다. 현지
정착은 성공적이었다. 두 사람은 앞으로 40년간은 이곳에서 살면서
사역하다가 은퇴하게 되리라고 믿었다.

"그런데 어느 날, 경찰 둘이 우리집을 찾아왔습니다." 브라이언은
당시를 회상했다.

나는 브라이언을 쳐다보며 생각했다. '그 순간에 임하신 하나님의 놀라운 역사를 들려 주려나봐.'

"그들이 제 이름을 대더군요. 그래서 '예, 제가 브라이언입니다만'이라고 했지요. 그랬더니 저더러 경찰서로 가자더군요. 무슨 일 때문이냐고 물으니 가 보면 알 거라고만 했지요."

경찰서로 가는 동안 기껏해야 비자 갱신 문제겠거니 생각해서 별로 걱정하지 않았다. 문제될 만한 게 없었기 때문이다. 당시 그는 아가칸대학교에서 간호과 학생들에게 영어를 가르쳤고, 파키스탄에서 최초로 신설된 MBA 과정의 교수로 근무 중이었다. 그가 속한 선교팀은 잘 성장하고 있었고, 그는 미니밴이 필요해서 그동안 타고 다니던 오토바이까지 판 상태였다.

경찰서에 도착하자 경찰관이 브라이언에게 통지서를 하나 건넸다. 그와 그의 가족더러 사흘 안에 이 나라를 떠나라는 명령이었다. 브라이언은 도무지 믿을 수 없어 통지서를 읽고 또 읽었다. 그럴 리 없었다. 그는 경찰관에게 출국 명령이 떨어진 이유가 무엇인지, 자기가 뭘 잘못했는지 말해 달라고 했다. 돌아온 대답은 그 이유를 말해 주는 것은 자기네 의무사항이 아니라는 것뿐이었다. 브라이언은 출국일자만이라도 연장해 달라고 요청했다. 호주 대사관, 영국 대사관, 내무부, 대학 행정실 등을 찾아다니며 도움을 구했다. 그들이 도와준 덕분에 세 번에 걸쳐 단기 연장이 가능했지만 결국 최후통첩을 받고 말았다. 브라이언과 그의 가족이 열흘 안에 파키스탄을 떠나지 않을 경우, 당국이 그들을 강제 추방하겠다고 알려 왔다.

나는 당시 상황을 머릿속으로 그려 보며 둘에게 물었다. "왜 그랬는지 궁금하지 않으셨나요?"

"도저히 있을 수 없는 일이라고 생각했지요. 그런 일은 복음의 패배 혹은 사탄의 승리라고 생각했으니까요. 게다가 성경학교 통신과정에서 공부하던 이들 중 몇몇은 정말 믿음의 단계에 거의 다다른 상태였거든요. 우리가 카라치를 떠나던 날, 그들은 함께 눈물을 흘렸습니다."

"출국 명령이 떨어진 이유는 끝까지 모르셨고요?"

"지금도 몰라요."

브라이언과 크리스틴 그리고 두 아들은 그렇게 귀국했고, 수많은 의문과 기다림 속에서 시간을 보냈다. 그곳을 떠나기 겨우 몇 달 전, 그들의 파키스탄 사역을 담아 제작한 DVD가 있었다. 거기에서 사용한 말씀이 요한계시록 3장 7절이었다. "빌라델비아 교회의 사자에게 편지하라. 거룩하고 진실하사 다윗의 열쇠를 가지신 이 곧 열면 닫을 사람이 없고 닫으면 열 사람이 없는 그가 이르시되." 그 말씀 그대로였다. 파키스탄에서 사역의 문을 열어 주신 분도 하나님이었고, 그 문을 계속 열어 두신 분도 하나님이었다. 그리고 모든 일이 순조롭게 진행되기 시작하니 모든 문들을 닫으셨다. 그 이유를 아는 사람이 아무도 없었다.

아주 오랜 시간 동안 브라이언은 고철더미 위에 올라앉은 기분이었다. 버려진 선교 고철더미. 사역은 실패했으며 그걸로 끝이라고 믿었다. 자기도 모르는 사이에 무언가 끔찍한 일이 벌어졌고, 그 때문에 평생을 선교현장에 바치려는 계획이 엉망이 되었고, 그래서 이렇게 하루 종일 집에서 멍하니 앉아 있는 신세가 되었다고 말이다.

어느 날 브라이언과 크리스틴은 선교대회에 참석했는데, 그곳에서 선교지에서 추방당한 경험을 한 다른 사람들을 만났다. 그들과의 교제는 이들 부부에게 큰 도움이 되었다. 하나님께서 둘에게 이렇게 말씀하시는 것 같았다. "그게 끝이 아니다. 다음 계획을 위한 시작일 뿐이다."

두 해가 흘러 1990년이 되었다. 브라이언과 크리스틴 그리고 두 아들은 다시 모국을 떠났다. 이번에는 페르시아만에 있는 요르단이었다. 그곳에서 아랍어 연수를 받기로 했다. 요르단에서 2년을 보낸 후 가족은 다시 오만으로 떠났다. 브라이언이 오만에 있는 기독교 단체를 통해 비자를 받았기 때문이다. 그 기관은 사회사업과 종교활동이 허락된 곳이었다. 브라이언은 활동을 숨기지 않고 당당히 할 수 있는 단체에서 일하면서 자신감과 만족감을 되찾았다. 오만 정부가 브라이언이 하는 일에 대해 잘 알고 있었고, 이에 대한 사전 허가도 받은 상태였기에 이번에는 다 잘될 것 같았다. 그는 TEE Theological Education Extension(신학연장교육) 사역에 동참했고 지역사회의 아랍어 교육 프로그램 개발에 참여하기도 했다. 다시금 모든 일이 순조로웠다. 기관에서 일하면서 기관의 관점으로 사역과 기회를 바라보는 눈도 생겼다.

동시에 일대일 전도를 위한 새로운 접근법에 대한 아이디어도 생겼다. 무슬림 문화권에는 이야기꾼이라는 전통이 존재한다. 이야기꾼은 마을과 마을을 옮겨 다니며 재미난 이야기로 사람들을 즐겁게 해주는 역할을 한다. 브라이언은 여기에 착안해 복음을 이야기와 우화 형식으로 전해 보기로 했다. 반응이 꽤 괜찮았다. 여러 사람들이 관심을 보였다. 브라이언은 정기적으로 현지인들의 파티에 참석했고, 사람들을 집으로 초대해 옥상에서 이야기 파티를 열기도 했다. 사람들은 기타와 북을 들고 와서는 옥상 가운데 불을 지피고 둥그렇게 둘러앉아 돌아가면서 이야기를 들려 주었다. 가끔은 현지 남성들이 던지는 무례한 농담도 참고 들어야 할 때도 있었지만, 모두들 그 시간을 즐겼고 브라이언의 이야기에 귀를 기울였다.

같은 해 여름, 브라이언과 크리스틴은 그 지역 무슬림 어린이들을 위한 여름캠프와 공예교실을 열기로 했다. 부모들은 캠프 마지막날에 열린 전시회를 보러 왔고, 주최팀은 인형을 빌려와 아랍어로 인형극을 선보였다. 시간이 지나면서 점점 더 많은 아이들이 여름캠프를 찾았다. 여름이 되면 아이든 어른이든 할 것 없이 심심해 하던 덕분이기도 했다. 여러 나라에서 인터서브 단기선교팀들이 찾아와 공예교실과 영어교실 운영을 도왔다. 그중 많은 이들이 장기 선교사로 헌신하는 일에 관심을 보였다. 브라이언의 언어 실력과 현지인들과 쌓아 온 관계, 그의 선교 열정에 감동하여 사역에 동참하고자 하는 이들도 생겼다. 인터서브팀이 점점 커지면서 브라이언은 걸프 지역 봉사자들을 가르칠 아랍어 언어 훈련학교를 시작했다. 점점 더 많은 현지인들이 믿음으로 나아오는 모습을 보며 기대감과 경이로움으로 충만한 나날을 보냈다.

그러던 어느 날 또 경찰서에서 전화가 왔다. 경찰서에 출두하라는 전갈이었다. 이번에는 일주일 내로 오만을 떠나라는 명령을 통고받았다.

"또요?" 나는 물었다.

"네, 지난번과 똑같이요." 브라이언이 대답했다.

"그래서 어떻게 하셨나요?"

"어쩌겠습니까? 그냥 떠났죠."

"그냥 그렇게요?"

"네, 괜히 저희 때문에 팀을 비롯해 다른 분들까지 피해를 입으면 안 되니까요."

나는 둘을 빤히 쳐다보다가 차를 한 모금 들이켰다. "정말 힘드셨 겠어요."

"절망스러웠죠. 우리 모두에게요. 이번에는 우리 아들들까지요. 도저히 이해되지 않았습니다." 브라이언이 말했다. "내가 무엇을 잘 못하고 있는지 계속해서 곱씹었어요. 우리가 너무 어리석었던 건 아 닌지, 조짐이 충분히 있었는데 읽지 못한 건 아닌지 등을 생각하며 자책하는 나날을 보냈어요."

나는 내 앞에 놓인 수첩을 내려다보았다. 두 나라에서 모두 추방을 당하다니. 두 번 모두 사역이 한참 성장하여 열매를 맺기 시작할 때 일어났다. 두 번 모두 별안간 벌어졌고 그 이유도 모른다. "그래서 어떻게 하셨어요?" 나는 물었다.

"다시 돌아왔죠. 돌아와서 저는 석사과정을 마쳤고요." 브라이언이 말했다. "아이들은 여기에서 고등학교를 다녔어요. 우리는 우리에게 일어난 일들을 이해해 보려고 애썼어요. 하나님은 언제나 어떤 이유와 계획이 있어서 이런 일을 하신다, 우리를 변화시키고 성장시키기 위해 그러시는 거다 하면서요. 하지만 그걸 정말로 깨닫기까지 아주 오랜 시간이 걸렸답니다."

또다시 2년이 지난 2001년, 브라이언의 가족은 예멘으로 떠났다. 예멘 역시 국민 대다수가 무슬림인 이슬람 국가다. 새로운 사역이 그들을 기다리고 있었다. 이번에도 그들이 도착한 곳은 현지 그리스도인을 찾아보기 힘든 곳이었다. 그들은 다시 시간을 들여서 현지인들을 사귀기 시작했고 이야기를 들려 주는 방식으로 복음을 전했다.

이번에는 크리스틴이 의료기술을 활용해 마을 안에 있는 공중보건소에서 일하기 시작했다. 집에서 환자를 진료해야 하는 때도 있었다. 한번은 한 이웃이 임신한 처녀를 데려와 뱃속의 아기를 낙태시켜 달라고 부탁했다. 소녀의 아버지에게 발각되는 날에 그 소녀는 아버지 손에 죽을 것임을 크리스틴은 잘 알고 있었다. 사실 크리스틴이 수술을 해주기로 마음먹었다 해도 이미 중절수술을 하기엔 늦은 때였다. 크리스틴은 소녀에게 낙태를 해줄 수 없는 이유와 상황을 잘 설명하고, 요한복음 8장 1-11절에 나오는 간음한 여인의 이야기를 조심스레 들려 주었다. 예수님이 그 여인에게 "나도 너를 정죄하지 아니하노니"라고 말씀하신 마지막 부분을 강조했다.

소녀는 그 이야기를 듣고 잠잠해졌다. 크리스틴이 소녀의 의견을 물으니 소녀는 머뭇거리며 말했다. "그게 정말이면 좋겠어요." 소녀는 집으로 돌아갔고 아이를 낳을 때까지 아버지에게 임신 사실을 숨겼다. 그렇지만 아이는 사산되고 말았다.

크리스틴은 얼굴에 슬픈 기색이 돌더니 잠시 말을 멈추었다. "어쩌면 그게 기도 응답이었을지도 모르죠. 안 그랬다면 소녀는 아버지 손에 죽고 말았을 테니까요."

"그 후 소녀가 어떻게 되었는지 아세요?"

"아니요. 그 아이가 그리스도인이 되었는지 아닌지는 전혀 몰라요. 우리가 보낸 20년이 다 그랬던 것 같아요. 성경 말씀을 들려 주고 아름다운 계곡이 어디 있는지 가리켜 주었을 뿐, 그에 대한 응답을 우리 눈으로 확인한 적은 없어요. 이야기를 들려 주는 건 얼마든지 할 수 있어요. 수백 번이라도요. 그럴 때마다 우리는 그들이 눈을 반짝이거나 은혜나 진리에 목말라 한다는 걸 눈치챘지만, 그렇다고 선뜻 다음 단계로 나가려고 하진 않더군요. 우리가 아는 한 믿음을 고백하는 데까지 이른 사람은 없었어요."

나는 이야기꾼인 브라이언 쪽으로 얼굴을 돌렸다. 그 역시 고개를 끄덕였다. "날마다 그런 식이었지요."

하루는 브라이언이 택시를 탔는데 택시기사가 그에게 어떻게 세 명의 신을 동시에 섬길 수 있느냐고 묻더란다. 그래서 브라이언은 택시기사에게 이야기를 들려 주기로 했다.

옛날에 아메드라는 사람이 있었는데 사막을 걷다가 그만 모래구멍에 빠지고 말았다. 구멍은 깊고 모래는 부드러워서 아메드는 빠져나올 수 없었다. 발버둥을 치면 칠수록 점점 더 깊이 빠져들었다. 아메드는 큰소리로 "살려 주세요"라고 외쳤다. 바로 그때 구멍 위로 얼굴 하나가 나타났다. "큰 어려움에 빠졌구나." 그 얼굴이 말했다. "도와주고는 싶지만 그럴 수 없다." 얼굴은 그렇게 말하고는 책 한 권을 구멍 안으로 던져 주었다. 아메드는 책을 읽기 시작했다.

사막의 다른 편에는 마브룩이라는 자가 있었다. 그 역시 모래구멍에 빠졌다. 구멍은 깊고 모래는 부드러워서 마브룩은 빠져나올 수 없었다. 발버둥을 치면 칠수록 점점 더 깊이 빠져들었다. 마브룩은 큰소리로 "살려 주세요"라고 외쳤다. 바로 그때 구멍 위로 얼굴 셋이 나타났다. 그중 한 얼굴은 힘이 세고, 다른 한 얼굴은 용감하며, 또다른 얼굴은 온화했다. "큰 어려움에 빠졌구나." 세 얼굴이 말했다. "우리가 힘을 합쳐 너를 건져 주마."

용감한 얼굴이 구멍 안으로 내려가 도와주겠다고 말했다. 그러자 힘센 얼굴이 밧줄을 이용해 용감한 얼굴을 아래로 내려주었다. 온화한 얼굴은 마브룩이 구조를 기다리는 동안 두 얼굴을 격려했다. 마침내 용감한 얼굴이 모래구멍의 바닥에 도달했다. 그는 마브룩을 밧줄로 감았다. 힘센 얼굴이 밧줄을 당겨 마브룩을 모래구멍 위로 끌어냈다. 마브룩은 안전하게 구조되었다. 그런데 바로 그때 모래구멍이 무너지면서 밑에 있던 용감한 얼굴이 죽고 말았다.

너무나 슬픈 일이었지만 이야기는 거기서 끝나지 않았다. 비록 용감한 얼굴은 죽었지만 그를 무덤에 버려두지 않겠노라고 힘센 얼굴이 말했다. 힘센 얼굴과 온화한 얼굴은 사흘간 모래를 파헤쳐 용감한 얼굴을 찾아냈다. 온화한 얼굴이 용감한 얼굴 위의 모래를 털어내고 그에게 생명을 불어넣었다. 그러자 용감한 얼굴이 모래구멍을 빠져나왔다.

브라이언은 택시기사에게 아메드와 마브룩 중 누가 되고 싶냐고 물었다. 브라이언의 이야기를 흥미롭게 듣던 택시기사는 마브룩이 되고 싶다고 했다. 이것이 사실이라면 참 멋진 일이라고도 말했다. 브라이언은 택시기사와 하나님의 성품에 대해 이야기를 나눈 후 그에게 신약성경을 건넸다. 그걸로 끝이었다. 다시 그 택시기사를 마주치거나 하는 일은 일어나지 않았다.

"이런 일이라면 백 번도 넘게 일어났죠."

"사람들이 어떤 특별한 반응을 보이던가요?"

"네, 사람들의 눈을 보면 알아요. 무언가를 향한 갈망이 보이죠. 사람들은 아메드와 마브룩에 대해 생각해 보다가 마브룩이 되고 싶다고 해요. 매번 그래요. 대부분이 거기까지죠. 당신이 책에 담거나 이야기하고 싶은 열매를 우리는 본 적이 없답니다."

"20년이 지나도록 말이죠?"

"그렇습니다."

크리스틴이 미소를 지으며 남편의 말에 동의했다. "어떤 면에선 나쁘지 않아요. 가로막고 있는 돌을 치우는 것까지가 우리 역할일 수도 있잖아요. 여러 종류의 밭이 존재한다는 사실을 항상 기억하려고 노력한답니다. 돌로 덮인 땅이라면 돌부터 걷어 내야겠죠. 굳어서 갈라진 땅이라면 그리스도의 자비하심을 실천하는 가운데 땅을 부드럽게 일구는 작업이 필요하고요. 아마도 이런 과정에 저희가 사용된 게 아닐까요?"

나는 두 사람을 바라보며 말없이 고개를 끄덕였다. 그들의 이야기를 떠올리며 내가 생각했던 사역이나 열매의 정의가 얼마나 제한적이었는지 다시 한번 생각해 보았다. 매일 그렇게 제한된 방식으로 눈에 보이는 열매를 얻기 원했던 내 모습이 떠올랐다. 이들이 지난 20년의 경험을 통해 배운 교훈을 나 역시 배워야 할 것이다.

크리스틴은 내가 무슨 생각을 하는지 훤히 보이는 모양이었다. "저는 지금도 여전히 저희가 과거에 했던 사역에 대해 질문을 던진답니다. 만일 지금 그 일을 다시 한다면 다른 방법으로 하겠는가에 대한 질문이죠. 그럴지도 몰라요. 더 효과적으로 복음을 전하는 방법이 있다면 그래야겠죠. 하지만 그런 것들을 배우기 위해선 직접 경험해 보는 수밖에 없어요. 어느 쪽을 택하든 하나님께서 세상을 구원하시는 방법은 우리의 유창한 말솜씨나 행위가 아닌 바로 복음인 걸요. 이 일은 그분의 시간에 그분의 영을 통해 그분의 백성들 마음속에서 일으키시는 그분의 일이에요. 그 점이 배우기 가장 힘든 부분이 아닐까요?"

브라이언이 여기에 덧붙였다. "이번 주 우리는 요한계시록 13장과 14장을 공부하는 중인데 그중에서도 핍박받는 교회에 대해 묵상하고 있어요. 제가 꼭 기억해야 할 부분이더군요. 13장 10절 말씀, '성도들의 인내와 믿음이 여기 있느니라'입니다. 저는 쉽게 결과지향적이 되곤 합니다. 새로운 기회나 사역을 분석하는 일을 어렵지 않게 여기고 그에 대한 기대로 가득 차기도 하죠. 하지만 주님은 때때로 우리가 신실하게 계속 싸움을 해나가기만을 원하실 때도 있습니다. 견디기 힘든 상황에서도요."

내 생각도 그와 같았다. 그럼에도 나는 여전히 그들의 이야기에 추신을 붙이고 싶었다. 그래서 물었다. "그 나라들은 요즘 어떤가요? 별안간 사역을 내려놓고 떠나야 했던 그 나라들이요. 요즘 그곳에선 어떤 일들이 일어나고 있나요?"

브라이언이 대답했다. "현지교회가 생겼습니다."

어딘가에 그냥 머무르는 그 시간이 바로 하나님의 때이기도 하더군요.
이유나 방법, 어떻게 사용되었는지도 모른 채 말이에요.
그냥 그 자리에서 하나님을 신뢰하는 것, 그게 중요합니다.
헬렌

하나님의 때

헬렌의 이야기

헬렌과 로버트가 금발의 아들들과 함께 북아프리카에서 지내온 시간이 10년을 훌쩍 넘는다고 했다. 한번도 북아프리카에 가 본 적 없던 나는 이들 가족에 관해 듣자마자 당장 사진부터 보고 싶었다. 북아프리카는 어떤 곳일까? 그들은 어떤 곳에서 살았을까? 그들이 어울려 지내 온 이웃은 어떤 사람들일까? 그곳은 사막일까?

곧 헬렌이 사진 여러 장을 이메일로 보내 왔다. 첫 번째 사진 파일을 열었다. 사막으로 둘러싸인 바위 위에 앉은 가족의 사진이었다. '오아시스'라는 제목의 두 번째 사진은 사막으로 둘러싸인 야자나무 아래에서 찍은 것이었다. 현지인 친구들과 병원에서 찍은 사진들이 몇 장 더 있었다. 역시 온통 사막이다. 이메일을 닫으며 이런 생각이

들었다. '그렇게 긴 시간을 사막에서 살았단 말인가? 더군다나 아이들을 홈스쿨링으로 키우면서?' 생각이 꼬리를 물고 이어졌다. 나 역시 금발머리 아들 셋을 데리고 홈스쿨링을 하며 히말라야 산등성이에서 살았더랬다. 그것만으로도 충분히 고생스러웠는데 사막이라니 오죽 힘들었을까?

마침내 동남아시아의 푹푹 찌는 날씨 속에서 헬렌을 직접 만났다. 초면에 너무 뚫어지게 쳐다보는 실례를 범하지 않기 위해 나는 호기심을 다스려야 했다. 오랫동안 사막에서 홈스쿨링을 하며 살수 있는 사람은 도대체 어떤 사람일까? 그녀는 내 앞에 앉아 목에 감은 스카프를 매만지고 있었다. 부드러운 갈색머리에 유쾌한 미소, 대답하기에 앞서 생각을 정리해야 하는 경우 입술을 앙 다무는 습관을 가진 사람이었다. 북아프리카로 가게 된다는 소식을 듣는 순간 걱정이 앞서더냐는 것이 내가 제일 먼저 던진 질문이었다.

"아니요." 그녀는 대답했다. 웬걸, 마침내 프랑스어를 배울 기회가 찾아와서 기뻤단다. 나는 함께 웃으며 속으로 생각했다. '프랑스 파리에 딱 어울릴 여자로군.'

"그래서 배우셨나요?"

"네, 배웠죠."

"그런데 사막에 사셨다죠. 사막에서 사는 건 어땠던가요?"

헬렌은 미소를 지으며 눈을 지그시 감았다. 미지의 세계를 머릿속으로 그려 보는 것 같았다. 그들이 살게 된 마을로 운전해서 들어가던 첫날, 수도를 벗어나 큰 길을 따라 달려가던 때를 천천히 설명해 주었다. 한 번도 가 본 적 없었을뿐더러 차창 밖으로 보이는 풍경이라곤 뽀얀 모래먼지밖에 없더란다. 눈에 보이는 것은 모래로 뒤덮인 평지, 그게 전부였다. 마침내 차가 그들이 살 집 앞에 도착했다. 집 주변도 사막뿐이었다. 앞쪽에는 베란다가 나 있고, 뒤쪽에는 온도계가 있었다. 여름이면 그늘에서도 온도가 50도까지 올라갔다. 헬렌은 소리 내어 웃으며 말했다. "여행 책자에서 우리 마을을 딱 두 줄로 소개하더군요. '최대한 빨리 통과하라. 머물 이유가 하나도 없는 곳이다'라고요."

하지만 헬렌과 로버트, 그리고 아들들은 그 마을을 최대한 빨리 통과하지 않았다. 그곳에 오래도록 머물렀다. 아이들은 처음부터 그곳을 좋아했다. 거대한 모래놀이터 안에 사는 것과 같았으리라.

어느 해인가 방문한 손님은 그 땅이 온통 모래로만 이루어졌다는 사실을 믿지 않았다. "그럴 리 없어. 파 내려가다 보면 분명히 흙이 나올 거야." 그는 삽을 들고 몇 시간 동안 땅을 파고 또 팠다. 녹초가 될 때까지 팠지만 결국 흙은 나오지 않았다. 그저 모래, 또 모래뿐이었다. 하지만 얼마 후 로버트는 그곳에 식물을 심기 시작했다. 물만 충분히 오래 자주 준다면 사막에서도 식물이 자랄 수 있다는 사실을 알게 되었다. 가족들이 심은 토마토도 잘 자랐다. 그뿐 아니라 자두나무도 심었는데 그 나무가 지금까지도 살아 있다고 한다. 토마토와 자두나무로 성공을 거둔 후에는 오리도 키워 보았다. 오리

땅을 파고 또 파도 나오는 건 그저 모래뿐이었다.
하지만 얼마 후 그곳에 식물을 심기 시작했다.
물만 충분히 오래 자주 준다면 사막에서도
식물이 자랄 수 있다는 사실을 알게 되었다.

가 전갈을 잡아먹으니 모두에게 여간 유익이 아니었다.

헬렌과 로버트가 처음 인터서브의 문을 두드렸던 당시, 가정의인 그들에게는 종합병원에서 일할 기회가 있었다. 그러나 그들은 큰 병원보다는 마을의 지역공동체에 들어가고 싶었다. 얼마 지나지 않아 북아프리카의 보건진료소에 자리가 생겼다. 전임자가 임기를 마치고 본국에 돌아가게 되었는데 후임 의사를 찾지 못하던 중이었다. 아무래도 다들 그 여행 책자를 읽은 모양이었다! 그 지역은 의사와 진료소만 없는 게 아니라 그리스도인도 아예 없는 곳이었다. 교회는 이미 수세기 전에 사라졌고 현지어로 번역된 성경조차 없었다.

"그래서 하시게 된 일은요?"

"보건소에서 진료하는 건 로버트의 일이었죠. 로버트는 매일 마을 진료소로 출근해서 사람들을 만나고 현지 동료들과 교제했어요. 저는 아이들과 집에 있었고요."

그렇게 지내는 것이 힘들었을까 안 힘들었을까? 나는 그런 상상을 하며 그녀의 얼굴을 살폈다.

"물론 힘들었어요." 그녀가 말했다. "그 전까지만 해도 로버트와 저는 모든 일을 동등한 위치에서 해왔거든요. 병원 일도 그렇고, 신학교에서 공부할 때나 언어 훈련을 받을 때도요. 그러다가 북아프리카에 도착하니 로버트는 매일 나가서 지역 사람들과 함께 일하고 동료와 환자들을 만나는데, 저는 집에서 가족만 돌보게 된 거예요. 처음으로 우리 부부의 역할이 갈리는 순간이었어요."

그 지역에서는 외국인도 찾아보기 힘들었다. 로버트와 헬렌을 제외하고는 산파 두 명과 나이든 가톨릭 수녀 세 명이 전부였다. 이 수녀들을 정기적으로 방문하는 이탈리아인 신부가 있었는데, 그는 그곳에서 차로 한 시간 반 가량 떨어진 곳에서 살면서 그 지역을 방문할 때면 헬렌과 로버트의 집에 머물렀다. 그들은 모두 이러한 사귐이 감사했지만, 헬렌이 정작 사귀고 싶은 사람은 이웃들이었다. 마침 집에서 아이들을 돌보는 것이 그녀의 주된 임무이니 할 수 있을 것 같았다.

그 지역은 세속화된 무슬림 지역으로 통화 내용이 감청당하고 택시기사나 커피숍 사장들이 내무부와 내통하는 곳이었다. 외국인의 동선이나 그들이 주고받은 대화 내용은 주요 관심 대상에 속했다. 경찰의 감시 속에서 친구를 사귈 수 있는 방법은 무엇일까? 게다가 로버트와 헬렌이 속한 NGO 단체는 이미 기독교 단체로 알려졌기에 정부에서 이 두 사람이 어떤 사람들을 만나고 교제하는지 훤히 꿰뚫고 있음은 당연했다.

게다가 문화적인 문제도 있었다. 그곳에는 현지인 가정이 외국인 가정을 '입양'하듯 가족으로 받아들이는 문화가 있었다. 그래서 만일 로버트와 헬렌이 처음에 그들을 받아들여 준 현지인 가정이 아닌 다른 가정을 방문하면 금세 의심을 받았다. 내무부까지 보고가 들어가기도 했다. "당신들은 이미 우리 가정의 일원인데 왜 다른 가정을 방문하는 겁니까?" 하는 식이었다. 한번 의심을 받으면 곧 우려의 대상이 되고 말았다.

사역 초기에 신앙에 관심을 보이는 남자가 있었다. 이브라힘은 1.5킬로미터 가량 떨어진 곳에 살았는데 밤이면 로버트를 찾아와 신앙의 문제에 대해 이야기하곤 했다. 그는 로버트에게 기도해 달라고 부탁했다. 라디오를 통해 예수님에 대해 들었다고 했다. 하지만 아무도 모르게 비밀리에 행동해야 했다. 이웃에게 발각되는 날에는 끌려가서 옥에 갇히게 되니 말이다. 그랬다간 로버트와 그의 가족도 당장 추방감이다.

그런 일은 일어나지 않았다. 대신에 문제는 이브라힘의 가족 안에서 생겼다. 자기 집에서 악한 영이 활동하는 것이 두려운 이브라힘은 어느 날 밤 그 문제를 놓고 예수님께 기도드렸다. 그리고 그날 밤 실로 오랜 만에 단잠을 잘 수 있었다. 놀라운 일을 경험한 이브라힘은 너무 흥분한 나머지, 다음 날 아침 아버지와 형에게 그 사실을 털어놓았다. 가족은 노발대발하며 그에게 당장 예수 믿는다는 사실을 부인하라고 명령했다. 이 사건으로 이브라힘은 잔뜩 겁을 먹었고, 이후로 그의 믿음 생활은 순탄하지 않았다.

로버트와 헬렌은 이와 비슷한 일을 수없이 겪었다. 젊은이들이 라디오 방송을 듣고 개종한다니 분명 반가운 일이긴 하지만, 이들을 훈련시킬 성숙한 현지 그리스도인 없이 이러한 새 신자들이 영적으로 성장하기란 대단히 어려운 일이었다. 로버트와 헬렌은 오랫동안 하나님의 때가 언제인지, 증거한다는 것은 무엇인지, 그리고 지역사회에서 현지인과 친구로 지낼 수 있는 가장 좋은 방법은 무엇인지 고민했다.

비슷한 시기에 헬렌은 큰아들 마크를 위해 홈스쿨링을 시작했다. 부부의 침실을 교실로 삼고 한구석에 마크를 위한 책상을 가져다놓았다. 홈스쿨링의 시작은 순조로웠다. 이제 막 걸음마를 뗀 아이와 갓난아기가 생겼다는 사실만 빼고……. 헬렌은 얼마 가지 않아 혼자 홈스쿨링과 육아를 병행하는 것이 얼마나 벅찬 일인지 깨달았다. 그래서 마크를 가르치는 동안 나머지 두 아이를 돌봐 줄 사람을 찾았다. 다행스럽게도 헬렌은 얼마 떨어지지 않은 곳에 사는 아미나라는 현지 여성을 알게 되었다. 아미나가 프랑스어를 할 줄 알았기 때문에 두 사람은 프랑스어와 아랍어를 섞어 가며 대화를 나눌 수 있었다.

헬렌은 영적으로 열린 사람을 만나게 해달라고 틈틈이 기도해 왔었다. 그런데 아미나가 바로 그런 사람이었다. 둘은 아침이면 식탁 앞에 앉아 함께 차를 마시고 대화를 하며 하루를 시작했다. 그 시간에 아기는 자고 두 아들은 집 밖에서 모래놀이에 정신이 팔려 있었다. 흰색과 녹색의 비닐 식탁보가 깔린 식탁 위에는 항상 성경책이 놓여 있었다.

어느 날 아침 헬렌과 아미나는 마루의 책장 옆을 지나가게 되었다. 그 책장에는 아랍어 성경이 꽂혀 있었다. 헬렌은 하나님께서 아미나에게 시편 139편을 보여 주라고 강하게 말씀하시는 것 같은 느낌을 받았다. 갑작스러웠다. 그렇게 했다간 곤경에 처할 수도 있었지만, 헬렌은 이 일로 나라에서 추방된다 해도 반드시 해야겠다는 확신이 들었다. 헬렌은 그 자리에 멈춰 서서 시편 139편을 아미나에게 소리 내어 천천히 읽어 주었다. 아미나는 헬렌을 빤히 쳐다보며 말했다. "놀랍네요. 하나님이 바로 이런 분이실 것이라고 생각해 왔어요. 어쩜 그동안 아무도 내게 그런 말을 안 해준 걸까요?"

아미나가 진리에 반응하는 게 분명했다. 이후로 몇 주, 몇 달간 아미나는 감동에서 벗어나지 못했다. 헬렌과 아미나는 매주 식탁 앞에서 아랍어 성경을 함께 읽었다. 아미나는 궁금한 게 많았고 질문도 많이 했다. 하나님을 만나는 통로였던 시편 139편 외에 성경의 다른 부분에는 어떤 진리가 담겨 있는지, 하나님은 어떤 분이신지 알고 싶어 했다. 두 사람은 창세기와 누가복음을 함께 읽기 시작했다. 얼마 후 헬렌은 아미나에게 성경책을 선물했고, 아미나는 그것을 집으로 가져가 찬장 안에 숨겨 두었다. 남편에게 들킬까 봐였다.

시간이 지나면서 두 가족은 친해졌고 우정이 깊어져 함께 식사하는 사이로 발전했다. 헬렌과 로버트 그리고 아이들은 아미나가 사는 집까지 걸어가곤 했다. 도보로 몇 분 안 되는 거리였다. 식료품 가게가 있는 모퉁이를 돌면 아미나의 가족이 사는 집이 보였다. 그들은 거실의 낡은 깔개 위에 앉아 음식을 기다렸다. 거실 한가운데 놓인 낮은 상 위로 방금 찐 쿠스쿠스가 담긴 큰 접시가 놓이고, 이를 중심으로 토마토, 오이, 마늘이 담긴 작은 그릇들이 하나하나 차려졌다. 상에 둘러 앉으면 아미나가 숟가락을 나눠 주었다. 큰 그릇에서 각자 먹을 만큼 음식을 덜면 되었다. 그러고 나서 그녀는 로버트에게 기도를 부탁했다.

한번은 로버트가 기도를 마친 후 잠시 정적이 흐르는 사이에 아미나가 그만 큰소리로 "아멘"이라고 외치고 말았다. 아미나가 남편 앞에서 그런 모습을 보인 것은 그날이 처음이었다. 아미나의 남편이 언짢아하지 않을까 걱정된 헬렌과 로버트는 서로 눈치만 보았다. 이를 문제 삼으면 어쩌지? 아미나가 집에서 쫓겨나는 건 아닐까? 하지만 아미나의 남편은 아무 말도 하지 않았다. 어쩌면 아미나가 남편에게 미리 말해 두었는지도 모른다. 외국인들은 다들 이렇게 하더라고 말이다.

"그래서 아미나의 남편도 믿음을 갖게 되었나요?"

헬렌의 목소리가 한층 낮아졌다. "아니요. 아직이요."

잠시나마 그녀는 다시 그곳으로 돌아간 것 같았다. 그 거실의 낮은 식탁으로 말이다.

"하지만 아직 끝난 것은 아니니까요." 헬렌은 눈물을 훔치며 또 다른 일화를 들려 주었다. "한번은 아미나가 집에서 성경을 읽고 있었대요. 그때 아미나의 남편이 아미나에게 했다는 말을 전 절대 잊지 못할 거예요. '성경이란 걸 읽을 때마다 당신 얼굴에서 빛이 나는구려.' 마치 진리를 알고 있는 사람처럼 말했대요. 그렇기에 저는 하나님께서 반드시 그에게도 믿음을 주시리라고 믿어요. 하나님의 때가 올 거예요."

당시 아미나는 그 지역에서 예수님을 영접한 최초의 현지인이었다. 그때만 해도 현지인들 사이에 '기독교'란 하나의 문화에 불과할 뿐 아무런 영적 의미가 없었다. 아미나가 실질적으로 '그리스도인으로 산다'는 건 불가능했다. 현지인인 동시에 그리스도인일 수는 없었기 때문이다. 아미나는 개종 사실을 공개적으로 알리는 대신에 헬렌과 함께 기도하고 성경을 읽으며 믿음을 키워야 했다.

몇 년 후, 수도에 거주하는 외국인들이 전에 없이 큰 규모로 기도 운동을 시작했다. 이 나라를 향한 하나님의 역사를 간구하는 운동이었다. 여기저기서 중보기도 모임이 생겨났고 전국적인 규모로 마을과 도시마다 모스크와 신전을 돌며 기도하는 땅밟기가 시작되었다. 소그룹 단위의 신앙공동체가 세워지면서 처음으로 전도하는 현지인들도 생겼다. 얼마 후 믿는 자들의 수가 수백 명으로 증가했다. 갑작스럽게 일어난 변화였다.

"어떻게 된 거죠?" 나는 물었다.

헬렌이 조심스레 대답했다. "하나님께서 분명히 하신 말씀에 따라 기도한 덕분이 아닐까요? 하나님의 때가 이른 것일 수도 있고요. 누가 알겠어요?"

서서히 전국 곳곳에서 새 신자들이 소그룹으로 모이기 시작했다. 그러자 이들을 찾아다니며 훈련하고 상황화에 대해 가르치는 아랍인 목사들이 생겨났다. 이러한 방문 목사들은 머리를 천으로 가려야 하는지, 예배 시간에 남자와 구분해서 앉아야 하는지 등과 같은 현지인의 궁금증을 해소하는 데 도움을 주었다. 곧 현지인들이 모국어로 찬양곡을 쓰기 시작했고 이를 녹음하기에 이르렀다.

놀라운 일이었다. 불과 몇 년 만에 현지교회와 현지인으로 이루어진 리더십이 세워진 것이다. 로버트와 헬렌이 상상도 못했던 일들이었다. 기도는 계속되었다. 현지인 성도들은 소그룹을 통해 조용히 만남을 이어 갔다. 교파보다는 연합에 중점을 두었다. 함께 그리스도의 몸을 이루어 가는 것이 주된 관심사였다. 리더들은 정기적으로 만나 서로를 위해 기도하고 꿈꾸고 중보하며 계획을 세웠다.

그즈음 아미나는 대학생 아들을 만나러 몇 달에 한 번씩 대학이 있는 수도를 방문했다. 가족과 이웃들은 그녀가 그저 아들에게 올리브오일이나 대추 등을 갖다주러 가겠거니 했지만, 사실 아미나는 아들을 만나러 갈 때마다 그곳에서 현지 그리스도인 모임에 참석했다. 몇 년간 함께 기도할 수 있는 사람이 헬렌과 로버트밖에 없던 그녀는 마침내 다른 현지 그리스도인들을 만났을 때 목놓아 울었다고 한다. 마치 천국에 온 것 같은 기분이더란다. 기도하고 성경을 읽는 이들이 이렇게 한꺼번에 모일 수 있다니! 온 가족이 그리스도인이 될 날을 생각만 해도 좋았다!

나는 헬렌을 보며 미소를 지었다. "그 일을 통해 배우신 게 있다면요?"

헬렌은 대답했다. "그동안 저는 성도의 교제를 당연한 것으로 여겼어요. 언제나 그랬죠. 하지만 그 일로 기도가 무엇인지 배웠어요. 기도하는 여자들 중에 고통과 고난에서 벗어나지 못하고 계속 우는 이도 있었어요. 그 모습을 보면서 영적 상태가 바뀌지 않는 한 아무 것도 변화되지 않는다는 걸 알게 되었지요."

다른 나라에서 손님이 찾아와 헬렌의 가족과 일주일 동안 함께 지낸 적이 있었다. 근방에서 진행되고 있던 프로젝트를 평가도 할 겸 들른 것이었다. 나중에 그가 로버트와 헬렌에게 편지하기를, 그도 처음에는 왜 로버트와 헬렌 주변에 회심하는 현지인들이 더 많이 나오지 않는지, 왜 그들이 더 열심히 전도하지 않는지 의문을 품었다고 했다.

그런데 어느 날 밤 그 손님은 자신이 묵던 방에서 기도하던 중에 환상을 보았다. 거대한 천막 아래 집이 한 채 있는데 그 안에 사는 사람들이 모두 그 울타리 안에서 안전하게 있더란다. 그러다가 주님이 천막의 한 귀퉁이를 들어올리셔서 바깥을 내다보게 되었는데, 그는 천막 바깥 쪽에 펼쳐진 영적 어두움을 보고는 겁에 질려 그날 밤 잠을 한숨도 자지 못했다. 그는 환상 속에서 하나님께서 말씀하시는 것을 들었다. "너는 이곳에 어떤 영적 역사가 일어나고 있는지 그 일의 규모나 깊이를 알지 못한다. 나는 방패요 보호막이니라. 내가 이곳에서 일하노라. 나의 순종하는 자녀들을 통해 나의 일이 이루어지노라."

헬렌은 웃으며 말했다. "저희에게 정말 큰 격려가 되어 준 편지였
어요. 계속해서 하나님을 의지하라는 메시지였으니까요. 이 일을 하
는 이는 우리가 아니라 하나님이시고, 하나님께서 그분의 사람들과
교회를 지키고 계신다는 사실을 확인시켜 주었죠. 그때나 지금이나
동일하게요."

"그 현지교회는 여전히 성장하고 있나요?" 나는 물었다.

"네. 여전히 작고 연약하지만요. 갈 길이 멀지만 뒤돌아보면 하나
님께서 그동안 행하신 일과 앞으로 행하실 일이 보여요. 제가 그곳
에서 지내는 동안에도 끊임없이 시험이 찾아왔죠. 우리는 너무 평
범하고, 영적 능력도 너무 제한되었고, 변화되는 사람 수도 너무 적
다고요. 이런 우리가 무슨 수로 변화를 일으키겠어요? 우리가 살던
마을에서 아미나를 제외하고 기독교 가정은 단 하나뿐이었답니다.

그럼 그 오랜 세월을 사막에서, 그것도 부엌에 우두커니 앉아 대
체 무슨 일을 했나 하는 생각을 하기가 쉽지요. 하지만 해답은 우리
가 이 세상에서 우리 눈에 어떤 존재로 보이느냐는 중요하지 않다
는 데 있어요. 우리는 그저 하나님께서 우리를 불러서 맡기신 일을
할 뿐이에요. 때로는 그 일이란 게 체크무늬 식탁보가 깔린 식탁 앞
에 앉아 차를 마시거나 오래도록 기도만 하는 것일 수도 있어요. 하
지만 우리는 그런 일을 통해, 우리의 교제나 대화를 통해 어떤 영적
열매가 맺히고 있는지, 혹은 아직은 전혀 그 열매가 맺힐 때가 아닌

지 등을 알 길이 없어요."

"그러니까 프랑스어로 나누는 교제나 대화 말씀이신 거죠?" 나는 혼잣말처럼 중얼거렸다. 그러나 어느새 내 머릿속에서 파리는 사라지고 없었다.

진흙이 토기장이의 손에 있음같이 너희가 내 손에 있느니라.

예레미야 18:6

2만 개의 도기

스콧의 이야기

브라이언과 크리스틴 그리고 헬렌을 만난 후, 한 사람이 믿음을 갖게 되는 데까지, 또 교회 하나가 세워지기까지 얼마나 오래 걸리는지를 생각하고 또 생각했다. 수년간 초록색 식탁보 위에서 나눈 대화와 교제, 사막에서 놀던 아이들, 중보하는 사람들……. 보통 때의 나라면 이런 것들을 분석하고 자세히 들여다본 다음, 배울 점을 찾거나 다른 이들에게 전하여 가르치거나 본보기로 삼으려고 애썼을 것이다.

그러나 이번에는 대신에 하나님께서 자기 백성들을 사랑하신다는 것, 그것도 항상 놀랍고도 전혀 기대하지 못한 방식으로 일하시는 하나님의 때가 있다는 것, 심지어 절망 중에도 메마른 사막에서도 동일하시다는 것이 마음에 깊이 남았다. 어쩌면 하나님께서 우리에게 가장 원하시는 건 우리가 주님만을 의지하고 우리 앞에 놓인 기회들(현지인과 차를 마실 기회)에 신실하게 반응하는 것일는지도 모른다.

나는 여전히 더 많은 이야기들을 듣고 싶었다. 다른 선교사들은 어떤 삶을 살았을까? 우리가 배울 수 있는 이야기가 더 없을까? 모든 일이 틀어지는 것처럼 보이던 때엔 어떻게 이겨 냈을까?

그래서 이번엔 스콧을 만나러 갔다. 스콧과 수 부부는 북아프리카의 한 나라에서 10년 동안 살며 항아리를 팔았다. 누가 나더러 지난 25년간의 인터서브 역사를 한마디로 정리하라고 한다면 '비즈니스 선교'business as mission를 빼놓을 수 없을 것이다. 비즈니스 선교는 1990년대 후반에 시작된 개념으로 선교에 패러다임의 변화를 가져온 획기적인 선교 방식이자 전혀 새로운 시도였다. 이는 민감한 국가들의 진입 장벽을 뚫는 용도로 활용되었을 뿐 아니라 새로운 시장을 개척하는 도구로도 사용되었다.

스콧은 비즈니스 선교에 꽤 정통한 사람이었다. 그는 현지 공동체에 접근하기 위해 의도적으로 사업을 시작한 최초의 인터서브 선교사들 중 한 명이다. 북아프리카에서 그가 시작한 사업은 성공적이었다. 몇 년 동안 성장가도를 달렸고 때마다 좋은 기회가 찾아왔다. 시간이 흐르면서 그 사업체는 전국에서 가장 큰 도기 수출업체가 되었다. 처음 시작할 때는 누구도 예상치 못한 일이었다. 그렇게 북아프리카에서 10년을 보낸 후 스콧과 수의 가족은 인도로 사역지를 옮겼다. 그곳에서 다시 인터서브 선교사로 6년간 섬기며 새로운 사업을 꾸렸다. 그러다가 자녀들이 고등학교를 졸업하면서 호주로 돌아왔다.

2013년 6월, 나는 스콧과 수를 만나기 위해 브리즈번으로 날아갔다. 한 시간 뒤 마중나온 수와 그녀의 큰딸 조이를 공항에서 만났다. 조이는 운전을 배우는 중이었다. 우리는 뒷좌석에 짐가방을 싣고 교통법규에 관한 대화를 유쾌하게 나누며 집으로 향했다.

"하지만 엄마, 방금 속도를 더 내라고 하셨잖아요? 저는 이미 80킬로미터로 달리고 있는 걸요. 이게 제한속도예요."

"그래, 조이. 하지만 저렇게 트럭이 우리 쪽으로 바짝 다가오는데 차선을 바꾸려면 어쩔 수 없잖니."

"엄마, 여긴 인도가 아니라 호주라니까요. 호주에선 교통법규를 지켜야 해요."

"물론 그래야지. 그런데 나는 트럭에 깔리고 싶지 않아."

"엄마, 그동안 제게 호주는 인도와 다르다고 수없이 강조하시고선!"

온 가족이 인도에서 호주로 돌아온 지 채 1년도 되지 않은 시점이었다. 그들은 여전히 본국에 적응 중이었다. 가족들은 하나같이 "여기가 어디지?" 하며 놀란 얼굴을 했다. 하나에서 열까지 모든 것을 배워 가는 과정이었고 그에 따른 의견도 제각각이었다. 집으로 가는 길에 수는 브리즈번에 있는 공립 고등학교에서 자신이 가르치는 학생들에 관해 들려 주었다. 그동안 자신이 인도에서 만난 십대들과 확연히 다르다고 했다. 조이와 이야기를 나눌수록 선교사들이 막 본국에 귀국하여 겪는 적응기가 사실은 선물과 같은 시간임을 다시 한번 상기할 수 있었다. 본국으로 돌아온 지 얼마 안 된 그들은 외국인의 눈으로 자기 문화를 들여다볼 수 있기 때문이다.

그들이 임대한 집은 도심 남쪽에 있었다. 차가 진입로로 들어가니 스콧이 집 뒤편에서 나타났다. 악수를 나누고 뒤쪽으로 난 현관문으로 집 안에 들어갔다. 퀸즐랜드의 날씨가 항상 그렇듯 그날도 해가 쨍쨍했다. 우리는 식탁을 뒷마당의 데크로 끄집어내어 거기에 앉아 오랫동안 이야기를 나누었다. 조이는 동생들과 들락날락거리며 인도 차를 따라 주기도 하고 빵을 내오기도 하더니 마침내 쫀쫀해 보이는 초콜릿 케이크를 내왔다. 북아프리카에 살던 시절에 자주 만들어 먹던 케이크란다. 그러면서도 틈만 나면 우리 대화에 끼어들어 아프리카의 먼지가 어떻느니, 콜카타의 열기가 어땠느니 하며 자기들의 사역지 경험담을 들려 주었다. 인터서브 선교사 자녀들의 이야기를 책으로 엮어 볼까 하는 생각이 잠시 들었다.

스콧이 내게 가장 먼저 건넨 말은 비즈니스 선교를 소개하기에 자신이 그닥 적합한 인물이 아니라는 것이었다. 본인은 비즈니스 선교에 관해 대화하는 걸 별로 즐기지 않고, 그렇다고 사업에 소질이 있는 것도 아닌데다가 열정도 별로 없으니 다른 사람을 찾아보는 게 낫겠다면서……. 나는 이것이 인터서브의 특징인가 생각하면서 미소를 지었다. 파트너 선교사들은 하나같이 자기에게 뭔가 내놓을 만한 이야기가 있는지, 자기가 책의 기획 의도에 부합하는지 의구심부터 가졌다.

스콧은 자신이 아내 수와 함께 북아프리카에 간 것은 무슬림들에게 하나님을 전하고 가난의 문제를 해결하는 데 도움이 되고 싶었기 때문이라고 설명했다. 처음에는 전공을 살려서 일할 수 있을 것이라고 생각했단다. 스콧은 농업과학을 공부했고, 수의 전공은 환경과학이었다.

"그랬던 두 분이 전국에서 가장 큰 도기 수출업자가 되셨다고요?"

"그런 셈이죠." 스콧은 수긍했다.

이들 부부는 첫째와 둘째 아이를 데리고 북아프리카에 처음 도착하자마자(당시 자녀의 나이는 각각 세 살, 18개월이었다) 언어 훈련부터 받은 후 어떤 사역을 할지 찾기 시작했다. 그곳의 인터서브 필드 리더는 스콧과 수에게 현지교회를 섬기거나 베두인족이나 마약 중독자들을 대상으로 일해 보라고 권했다. 과학이나 농업 분야의 전공을 살릴 만한 일이었기 때문이다. 할 일은 많아 보였지만 그중 어느 것도 마음에 울림이 없었다. 스콧과 수 모두 선택의 여지 없이 무슬림이 될 수밖에 없었던 이들이나 가난한 이들을 돕고 싶었다.

하루는 수가 병문안하러 병원에 들렀다가 우연히 한 네덜란드 부인을 만나 인사를 하게 되었다. 부인은 남편 얀이 도기 사업을 시작한 지 얼마 안 되었다며 같이 일할 사람을 찾는다고 말했다. 수는 그 이야기를 스콧에게 전했다. 스콧은 별로 관심을 보이지 않았다.

"제 자신이 그런 일을 할 만한 사람 같지 않았어요. 사업에 대해 뭘 알았겠습니까? 적성에 맞는 일도 아니었을뿐더러 사실 사업을 대단히 쓸모 있다고 여긴 적도 없었어요. 부모님은 1960년대 남아프리카에서 정치운동가로 활동하셨지요. 어머니는 연세가 여든인데도 여전히 활동하고 계세요. 두 분 다 교육에 큰 가치를 두시고 고결한 직업을 갖는 걸 중요시하셨어요."

"사업은 고결한 직업에 해당하지 않는다는 말씀이신가요?"

"그럼요, 전혀 아니었죠." 스콧이 소리 내어 웃었다. "부모님이 들으면 대번에 사업가는 가난한 사람을 등쳐먹는 사람이라고 하셨을걸요."

어쨌거나 스콧은 도기 사업에 큰 흥미가 없었지만, 그 도시에서 외국인 선교사 신분으로 당면하게 되는 두 가지 어려움을 목도하고 있었다. 현지인과 진실한 관계를 맺으며 지역 공동체의 일원이 되는 것이 첫 번째 어려움이었다. 참으로 쉽지 않아 보였다. 스콧은 뭔가 다른 방법으로 그들의 일원이 되어 진짜 친구가 될 수 없을까를 고민했다. 주변에서 선교사들이 이것저것 다양한 방법을 시도하는 중이었다. 그것들도 나쁘진 않았지만 스콧은 뭔가 좀 더 진실한 관계를 원했다. 피상적이지 않고 좀 더 실체적인 것을 기반으로 하는 관계 말이다. 나는 고개를 끄덕였다. 대런과 내가 네팔의 병원에서 현지인들과 맺었던 교제를 생각하니 그의 말에 동의되었다.

두 번째 어려움 역시 만만찮은 문제였다. 스콧은 의존성을 키우지 않으면서 가난한 이들과 함께 일하는 방법을 찾고 싶었다. 거짓된 관계를 맺고 싶지는 않았다.

어느 날 스콧은 그 도시에서 열린 기도회에 참석했는데 핀란드인 남자가 일어나 이야기하는 걸 들었다. 그 남자는 눈물을 흘리며 자신이 곧 그 나라를 떠나게 되었다고 했다. 그는 지난 5년간 고아원을 운영했는데, 그곳 사람들이 처음에는 두 팔 벌려 환영하고 마치 형제처럼 대해 주었다고 한다. 하지만 수중에 돈이 떨어지고 나니 더이상 그를 달가워하지 않았다. 그 핀란드인은 상처만 안고 고국으로 돌아가게 된 것이다. 그가 원한 것은 진정한 사귐이었는데 그들이 원한 것은 그의 돈뿐이었다.

스콧은 참담했다. 자기 역시 얼마든지 그 핀란드인 같은 처지가 될 수 있다는 사실에 큰 충격을 받았다. 북아프리카에서 하나둘씩 사람들을 도와주려다가 결국에는 구제 말고는 아무런 도움이 되지 못하고 있을 자신을 상상해 보았다. 그 핀란드인 남자의 이야기는 일종의 경고 같았다. 이를 계기로 스콧은 뭔가 다르게 접근하리라 마음 먹었지만 실질적인 대안이 있는 건 아니었다. 한 달이 채 지나지 않아 스콧은 안에게 함께 일하겠노라고 연락을 했다. 모두가 깜짝 놀랄 일이었다.

함께 일하기로 한 첫날, 얀은 스콧을 데리고 도심의 오래된 곳에 위치한 빈민가로 들어갔다. 도기장이들이 도기를 만들고 있었다. 그 광경은 스콧에게 게헨나Gehenna(힌놈의 골짜기)를 연상시켰다. 한마디로 지옥 같았다. 오두막 집들과 좁은 골목길마다 가마에서 뿜어져 나온 시커먼 연기로 뒤덮여 있었다. 도기장이들은 무릎을 꿇고 쓰레기 더미에서 긁어 온 폐타이어나 오래된 플라스틱 조각들을 태워서 그릇을 굽고 있었다. 고약한 냄새가 코를 찔렀다. 가마 옆에는 석회가루를 만들어 내는 돌분쇄기가 있었는데, 거기서 나온 뽀얀 먼지 또한 주변을 온통 뒤덮고 있었다. 그 한복판에서 사람들이 살고 있었다.

스콧은 경악을 금치 못했다. 얀은 여기서 생산된 도기들을 점검하고 수출할 만한 가치가 있는 상품을 골라서 포장하는 것이 스콧이 할 일이라고 말해 주었다. 여기서 만들어진 수천 개의 도기 중 80퍼센트는 불합격을 줘야 한다는 귀띔도 했다. "하루 일과를 마칠 때쯤 도기장이들이 당신에게 잔뜩 화가 나 있걸랑 당신이 할 일을 제대로 했다는 뜻이오."

현지인에게 매정하게 구는 것이 스콧의 할 일이라니. 시간이 지나면서 스콧은 매정하게 구는 법을 배우게 되었다. 그는 자기 할 일에 최선을 다했고, 도기장이들은 스콧을 싫어했다. 하지만 얀과 함께 그곳을 방문한 첫날, 스콧은 직감했다. 그는 그곳 사람들에게 돈을 주는 입장이지만 이는 그 사람들이 정당하게 버는 돈이었다. 의존성을 일으키거나 가짜 관계가 아닌 상호교환적이고 정당한 거래였다. 스콧은 그들에게 원하는 것(상품 가치가 있는 도기들)이 있고, 그들은 스콧에게 원하는 것(돈)이 있었다.

나는 고개를 끄덕였지만 여전히 궁금했다. 그렇게 하는 것이 힘든 일이었을까? "어렵던가요? 매정하게 구는 것 말이에요."

이번에는 수가 웃었다. 뭔가 알고 있는 게 많다는 듯한 미소였다. 스콧은 그렇다고 수긍했다. 얀은 북아프리카에 오기 전에 네덜란드에서 경매인으로 일했었다. 그의 경영 방식은 무자비하고 매몰찼다. 게다가 그는 엄격하기로 유명한 네덜란드 칼뱅파 교인이었다. 즉 돈을 내고 호텔에서 묵느니 기차역에서 밤을 지샐 사람이었다.

한번은 팀을 이끌고 도시에서 열두 시간 떨어진 곳에 위치한 마을로 도기 점검을 하러 간 적이 있었다. 대단히 더운 날이었기에 스콧은 탄산음료 한 박스를 사서 같이 간 사람들에게 돌렸다. 얀은 스콧이 너무 무르게 행동한다며 그렇게 하면 안 된다고 말했다. 둘은 그 일로 의견 충돌을 일으켰다. 후에 얀이 이에 대해 사과했지만 그럼에도 여전히 비용을 절감할 궁리만 했고, 스콧은 그보다는 조금 더 후하게 주어야 한다는 입장이었다.

같이 일하던 첫 해는 대단히 힘들었다. 스콧과 얀은 걸핏하면 말다툼을 했다. 얀은 천성적으로 엄격하고 빈틈이 없었고, 스콧은 편안하고 느슨한 기질이었다. 직원들은 북아프리카식 농담으로 이렇게 말하곤 했다. "얀은 자기는 산타클로스가 아니라 말하고, 스콧은 자기가 산타클로스인 줄 알지." 두 사람 모두에게 쉽지 않은 첫 해였다. 첫 해에 스콧은 포기하고 싶었다. 역시 사업은 자기 옷이 아니라며 다른 사역을 찾거나 그것도 안 되면 아예 철수할 참이었다.

그렇게 1년이 지났다. 스콧은 어느새 자신이 이 일을 좋아하고 있음을 깨달았다. 그가 그토록 바라던 진짜 사귐이 일어나고 있었다. 마을 도기장이들과의 사이에 우정이 쌓여 갔다. 함께 일하는 그리스도인 젊은이들과도 그랬다. 그중 너댓 명은 매일 아침 스콧과 함께 마을로 출근해 생산된 도기들을 살피고 주문을 넣느라 하루 종일 함께 시간을 보냈다.

사역은 스콧이 기대한 바와는 전혀 다른 방식으로 전개되었다. 스콧은 자신의 전문 지식을 활용해 현지인들을 돕게 될 줄 알았다. 지식과 기술을 전하고 가르치는 사역 말이다. 그런데 지금 그가 하는 일은 물건을 사고파는 일이다. 그런데 그 일이 사역으로 이어졌다. 스콧은 그 일을 즐겼다. 초기에는 네덜란드 수입업자가 판매책이 되어 이 사업을 주도했다. 수입업자가 원하는 물품을 말하면 현지 팀이 그런 제품을 만드는 도기장이를 찾아내는 식이었다. 그렇게 차도, 자본도, 사무실도 없이 시작한 사업이 곧 컨테이너로 물건을 실어 보낼 정도로 성장했다.

스콧이 깨달은 것이 또 있었다. 그것은 바로 사람들이 얀을 좋아한다는 사실이었다. 그들은 얀을 존경했다. 얀처럼 인색하게 구는 것보다 스콧이 초반에 그랬듯 후하게 퍼주는 것이 오히려 더 관계성에 해가 된다는 사실도 배웠다. 사람들은 정말로 얀을 좋아했다. 스콧은 현지인들이 가지고 있는 돈에 대한 가치를 이해하고, 그들과 같이 그 가치를 소중히 여기지 않으면 관계성을 잃을 수 있다는 사실도 배웠다.

"북아프리카에선 돈을 쉽게 나눠 주면 '저 사람이 돈이 거추장스러울 정도로 많이 있나 보다' 하는 인상을 줍니다. 너무 많으니 버린다는 것이지요. 그곳 언어로 사이디Sa'idi라는 말이 있는데, 상 이집트Upper Egypt 사람이란 뜻이에요. 돈에 지나치게 인색한 사람을 일컫는 일종의 욕이죠. 사람들은 얀을 사이디라고 종종 불렀는데, 얀은 그런 별명을 오히려 뿌듯하게 여겼어요. 사람들은 얀을 존경했습니다. 그가 이 사업을 진지하게 운영하고 있다는 걸 알았으니까요.

얀이 그러는데 네덜란드에서 저 같은 사람을 '긴 양말'이라고 부른다지요. 남들 도와준답시고(박애주의자 행세를 하는 거죠) 여기저기 다니면서 돈이나 펑펑 쓰는 사람을 부르는 말입니다. 처음에 그러고 다니면 부자처럼 보이지만 실상은 그렇지 않다는 걸 현지인들도 곧 알게 됩니다. 우리가 그들을 존중하지도 이해하지도 못한다는 메시지를 보내는 셈이지요. 그때 다시 한번 결심했습니다. 박애주의자 행세는 집어치우고 쩨쩨한 구두쇠 자본가가 되어야겠다고요."

나는 웃음을 터뜨렸지만 얼른 그 표현을 수첩에 적었다. 뭔가 울림이 있는 말이었다. 스콧의 이야기는 그동안 내가 수집했던 다른 현장의 이야기들과는 다르게 독특한 구석이 있었다. 쩨쩨한 구두쇠 자본가의 이야기를 쓰게 될 줄이야. 다시 생각해 보면 스콧 역시 자신이 쩨쩨한 구두쇠 자본가가 되리라곤 예상하지 못했으리라. 스콧이 그렇게 결심하면서 그들의 사업은 번창하기 시작했다.

스콧과 얀은 당시 유럽에서 멕시코 항아리 난로가 인기를 끌고 있다는 것을 알게 되었다. 스콧은 멕시코 항아리 난로가 뭔지 알고나 있을까 하는 표정으로 내 얼굴을 살폈다. 멕시코 항아리라니 당연히 들어본 적이 없었다. 들어보니 장작을 넣을 수 있도록 전면에 구멍을 낸 커다란 항아리 모양의 난로인 듯했다. 난로 하나의 무게가 1톤이나 나갔지만 추운 날 정원에 두면 온기를 유지할 수 있어 으슬으슬한 유럽의 여름에 제격인 제품이었다.

네덜란드 수입업자가 스콧과 얀에게 멕시코식 항아리 난로를 만들어 달라고 주문을 했다. 스콧과 얀의 노력에도 불구하고 처음에는 도기장이들이 구워 내는 난로마다 금이 갔다. 멕시코인들이 쓰는 진흙과 달리 북아프리카의 진흙에는 구멍이 더 많은 탓이었다. 깨진 항아리를 수없이 경험한 후 마침내 얀은 도시 외곽에서 다른 종류의 진흙을 사용하여 새로운 방식으로 도기를 굽는 사람들을 찾아냈다. 그제서야 제대로 된 제품이 나오기 시작했다. 드디어 깨지지 않는 항아리 난로를 대량 생산할 수 있게 된 것이다. 무게도 가벼웠다. 당시 유럽에서 멕시코 항아리 난로가 도매가로 300유로 정도에 팔리고 있었는데, 스콧과 얀의 제품은 50유로에 불과했다. 물건은 신나게 팔려 나갔다. 곧 그들이 선적하는 제품 수가 천 단위로 올라섰고 1년 판매 대수가 2만 대에 달했다. 가장 호황을 누리던 해에는 4만 대를 팔았다. 그들은 전국에서 가장 큰 도기 수출업자가 되었다.

스콧이 내게 회사 소개책자를 하나 건넸다. 반짝거리는 코팅지로 제작된 A4 크기의 카탈로그였다. 각종 테라코타 화분, 항아리 난로, 화병, 촛대 등의 제품을 소개하고 있었다. 세련된 색으로 채색된 도기들이었다. 페이지를 한 장 한 장 넘기다 보니 블루마운틴의 우리 집 현관에 이런 파란 도기를 두 개쯤 갖다 놓으면 어떨까 하는 생각이 들었다. '흠, 대런에게 전화해 볼까?' 마지막 장에는 대나무 가구들도 있었다. 우리가 네팔에서 쓰던 의자와 비슷했다. 훌륭한 제품들이었다.

스콧은 고생담도 들려 주었다. 몇 년 안에 그 회사는 나라 안, 시골 곳곳의 도기장이란 도기장이들과 전부 일하게 되었다. 스콧은 여전히 그중에서 상품 가치가 있는 항아리를 골라내는 일을 했다. 스콧의 팀은 아침 일찍부터 시작해 온종일 뜨거운 열기 속에서 일했다. 그늘의 온도가 섭씨 40도에 달했다.

마을로 들어가면 도기장이들이 디카라고 부르는 낮은 벤치에 자기들이 만든 도기들을 주욱 늘어놓았다. 스콧은 가서 하나하나 도

"비즈니스는 가난한 이들에게 다가갈 수 있는 훌륭한 도구입니다.
이를 통해 현지인들은 잃어버린 존엄성을 되찾고,
우리는 현지인들을 존중할 수 있지요."

기들을 점검하며 조심스레 두드려 보고 결함은 없는지 살펴보았다. 석회석에 오염되었거나 규격이 맞지 않는 것 혹은 덜 구워진 것은 없는지 찾아야 했다. 몇 분만 살펴보면 금방 찾아낼 수 있었다. 두드렸을 때 소리가 울리면 도기가 잘 구워지지 않았다는 증거였다.

하지만 날이 워낙 더웠기에 그의 판단은 주관적일 수밖에 없었다. 그날도 도기장이들은 여느 때처럼 구운 도기들을 늘어놓았다. 오전 11시였지만 뜨거운 열기가 대단했다. 스콧의 팀은 오전 6시부터 일을 시작했다. 여느 때처럼 구워진 도기의 80퍼센트에 퇴짜를 놓았다. 퇴짜를 놓는다는 건 많은 시간과 노력을 들여 도기를 만든 도기장이들더러 빈손으로 집에 돌아가라고 하는 것과 같다는 걸 그는 잘 알고 있었다. 도기장이들은 하나같이 가난한 시골 사람들이었다. 스콧의 팀이 사 주지 않으면 이 도기를 내다팔 다른 시장도 없었다. 퇴짜를 맞으면 그날 저녁 끼니를 때울 식량도 사지 못하는 이들도 있었다.

11시가 되자 도기장이들 중에서 리더 격인 이가 나서서 스콧에게 따지기 시작했다. 자신이 만든 도기에 퇴짜를 놓은 스콧에게 격분한 그는 도기를 가져다가 땅바닥에 집어던져 부수기 시작했다. 이에 스콧도 똑같이 했다. 그 역시 불량이 난 도기를 집어 땅바닥에 내던졌다. 두 사람의 도기 깨기는 계속되었다. 마침내 잔뜩 화가 난 스콧은 차에 올라타고 그곳을 떠났다. 얼마간 시간이 흐르고 마음이 가라앉은 후, 스콧은 그곳에서 일하는 사람들과 도기장이들에게 줄 음료수 한 박스를 사들고 그 마을을 다시 찾았다.

"그래서 어떻게 되었나요?" 나는 걱정되어 물었다.

"그뿐이었어요." 스콧이 말했다. "그곳 생산자들에게 분명한 메시지를 보낸 셈이거든요. 우리의 선은 분명하다, 우리의 기준은 변하지 않는다고요. 도기들을 깨부쉈던 그 도기장이는 나중에 전국에서 가장 알아주는 생산자가 되었답니다. 제가 그곳에 있던 수년간 품질 좋은 항아리 난로를 만들었고 여전히 그 일을 하고 있어요. 지금도요. 그렇게 될 수 있었던 건 몇 년간 그런 갈등을 경험한 덕분이라고 저는 믿습니다. 갈등은 무슨 수를 써서라도 피해야 한다고 흔히 생각하죠. 하지만 비즈니스를 통해 우리는 건설적인 갈등 상황을 경험했고, 덕분에 서로 배우고 성장할 수 있었습니다."

이후에 회사와 생산자들은 그런 충돌을 피하기 위해 절차를 만들었다. 사이즈를 규격화하기 위해 회사는 생산자들에게 상자 두 개를 보내기로 했다. 잘 만들어진 완성품은 한 상자에 들어가야 하지만 다른 한 상자에는 들어가면 안 되었다. 항아리 난로의 주둥이 사이즈를 맞추는 디스크도 만들어 보냈다. 이를 통해 사이즈 문제가 해결되었다. 생산자들은 이제 자신들이 어떤 제품을 만들어야 하는지 정확히 알게 되었고, 회사는 그들이 만든 제품을 계속 구매해 줄 수 있었다. 그러자 상황이 전보다 좋아졌다.

그 과정을 통해 스콧은 깨달은 것이 있었다. 그런 갈등이 있기 전에 생산자들은 대충 에둘러서 빠져나가는 데 익숙했다. 좋은 게 좋다고 생각하며 언제든 타협의 여지가 있다고 믿었다. 혹 차이점이 생기면 어떻게든 맞추면 된다고 여기는 경향이 강했다. 이는 북아프리카 문화에 뿌리깊이 자리 잡은 사고로 현지인들 사이에선 충분히 용납되는 일이었고, 다른 상황에선 오히려 긍정적으로 작용할 수도 있는 사고방식이었다. 하지만 스콧과 얀에게는 통하지 않았다. 이렇게 절차와 정책을 만드는 것이 유럽 고객의 요구를 맞추기 위함임을 그들에게 설명했다. 유럽 고객의 요구 조건은 매우 구체적이고 까다로운데, 여기에 맞추어 제작하지 않으면 더이상 주문이 들어오지 않을 것이라는 점도 알려 주었다.

스콧은 한숨을 쉬었다. "우리가 그들을 무시하고 가르치려 든다거나 판단한다는 것처럼 들릴 수도 있겠죠. 백인의 도덕적 우월주의처럼 말입니다. 하지만 당시 북아프리카는 끔찍한 딜레마에 빠져 있었습니다. 전 세계인의 생활 수준이 나아지고 있었는데 그들은 그렇지 못했거든요. 한때 경제가 대단히 활발했던 적도 있었어요. 1956년도만 해도 이집트의 주식시장이 세계에서 다섯 번째로 컸으니까요. 사람들의 삶이 풍요로웠어요. 그러다가 혁명이 일어나 비즈니스 기술이 바닥나면서 사회주의가 밀고 들어왔지요. 그들이 매달릴 수 있는 손잡이를 만들어 주는 것이 우리 일이라는 생각이 들더군요. 유리벽을 타고 올라갈 손잡이 말입니다. 그렇게 하는 데까지 시간이 걸렸어요. 생소한 방식이었으니까요."

현지인 직원들을 데리고 독일의 무역박람회에 참석했던 것도 사업을 성공으로 이끈 요인 중 하나였다. 그런 일련의 과정을 통해 직원들은 고객의 성향과 구매 패턴을 잘 이해하게 되었다. 의사소통이 한결 수월해졌다.

그럼에도 예상치 못한 일들이 기다리고 있었다. 한번은 팀이 컨테이너에 항아리들을 실어 네덜란드로 보내려는 참이었다. 그런데 선적하기 전날 밤, 배에 실을 항아리들을 바깥에 두고 잔 것이 화근이었다. 밤 사이에 태풍이 불어서 쌓아 둔 항아리들이 모조리 진흙탕에 처박히고 말았다. 한번은 이런 일도 있었다. 스콧이 남쪽 지역에서 도기를 선별하는데, 가만히 보니 겉으로는 멀쩡한 항아리들이 하나같이 기우뚱거리는 게 아닌가? 수천 개나 되는 항아리들이 전부 그랬다.

스콧은 항아리들을 가리키며 물었다. "어떻게 된 겁니까? 항아리들이 전부 기우뚱거리잖아요."

그러자 그곳 생산자가 이렇게 말하더란다. "그게 무슨 문제라고 그러시오? 모래에 꽂아 두면 꿈쩍 안 하고 가만히 있구먼."

스콧은 웃었다. 나는 딱딱한 바닥 위에서 죄다 기우뚱거리는 수천 개의 항아리들을 상상해 보았다.

주문이 아예 없는 해도 있었다. 고객들의 재구매를 유도하려면 해마다 신제품을 구상하거나 기존 제품에 변화를 줘야 한다는 사실을 미처 생각지 못했던 것이다. 이전과 동일한 상품들만 구비하고

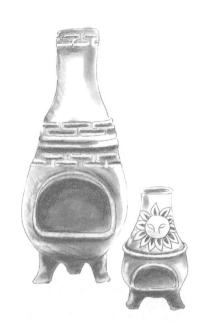

"어떻게 된 겁니까?
항아리들이 전부
기우뚱거리잖아요."

"그게 무슨 문제라고
그러시오?
모래에 꽂아 두면
꿈쩍 안 하고
가만히 있구먼."

있으니 주문이 없을 수밖에. 하지만 그 시간은 예상치 못했던 좋은 기회가 되었다. 스콧과 얀이 사업에 어려움을 겪으면서도 포기하지 않고 그 자리를 지키는 걸 보며 생산자들과 다른 사업체들이 감동을 받은 것이다. 이를 통해 현지인들은 스콧과 얀이 언제나 승승장구할 수만은 없다는 사실도 배웠다.

대화가 이쯤 왔을 때, 우리는 인도차와 끈적이는 북아프리카의 초콜릿 케이크를 다 비우고 집 안으로 들어가 스콧의 사업에 관한 영상을 보았다. 영상은 먼지가 뽀얀 길과 강가에서 노는 아이들, 검은 히잡을 둘러쓴 여인들의 장면으로 시작되었다. 이 나라 국민의

16.7퍼센트가 빈곤선 이하의 삶을 산다고 한다. 오래된 도시에 모여 사는 마을 공동체와 항아리를 가득 쌓아 둔 거대한 창고, 젖은 점토 위에 그린 패턴들, 항아리 부딪히는 소리, 뜨거운 왁스를 붓고 갈대잎을 엮어 바구니를 만드는 여인들, 하얀 터번을 두르고 항아리를 돌리며 포즈를 취한 노인……. 노인은 카메라를 정면으로 쳐다보며 웃고 있었다.

"그 시절 가장 좋았던 기억이 있다면요?" 나는 스콧에게 물었다.

"단순히 돈을 벌고 가난한 사람들을 도와주는 걸 넘어서는 일이었어요. 이 사업으로 우리는 그곳의 사람들과 진짜 친구가 될 수 있었습니다. 완전히 다른 방식으로 우정을 형성했다고나 할까요. 공동체 안에서 우리의 진짜 자리를 찾았고 직원들과 좋은 친구가 되었습니다. 직원 중에 마그디라는 친구가 이 사업을 물려받았어요. 도시의 노동자 계급 구역 출신인데 아주 가난한 현지교회에 출석하고 있었습니다.

우리는 함께 행사를 기획했어요. 우리 사업에 참여하는 지역 공동체, 즉 도기 생산자들이 속한 마을 공동체를 위한 잔치였지요. 사실은 어린이 전도 행사였지만, 기독교나 이슬람의 축제 기간이 되면 그것을 빌미로 소나 양을 잡을 비용을 제공해 주면서 도기장이들과 그 가족들을 초대해 잔치를 열었어요. 라마단 직후라면 금식이 끝난 걸 축하하는 잔치를 여는 식이죠. 이런 행사는 사업과 무관해야 했기에 재정도 분리시켰어요. 모두들 우리가 베푸는 잔치를 즐겼고,

우리는 가끔 예수님에 관한 스킷을 보여 주거나 예수영화 프로젝트에서 제작한 〈예수〉라는 영화를 상영하기도 했답니다. 저는 마그디와 함께 마을을 걸어다니며 기타를 연주했죠. 그러면 아이들이 나와서 우리를 빙 둘러싸곤 했어요."

스콧은 잠시 말을 멈추고 사진을 한 장 보여 주었다. 사진 속 스콧과 마그디는 기타를 메고 좁은 골목길을 걷고 있었다. 뒤편으로 따라오는 아이들의 무리가 보였다. '피리 부는 사나이'라는 동화가 생각났다. 아이들이 사방에서 나와 따라가는 모습이었다. 음악 소리에 이끌려 잔치에 참석하고 싶어 나온 모양이었다.

잔치는 종종 인근의 찻집에서 열리기도 했는데 재미난 스킷에 이어 복음을 증거하는 시간도 있었다. 사영리를 나누는 게 아니라, 그들의 삶에 직접 개입하시는 예수님에 대한 실제적이고 솔직한 이야기들을 나누었다. 그런 행사에 서너 번 참석한 무슬림 남자가 있었는데, 어느 해에는 아무 말도 하지 않고 조용히 듣고만 있더니 스콧에게 다가와 예수님에 대해 더 알고 싶지만 다른 이들의 눈에 띨까 봐 두렵다고 고백했다. 결국 그는 도심에서 열리는 큰 집회에 참석하며 그곳에서 다른 그리스도인들과 교제하기 시작했다.

"반감을 갖는 이들은 없던가요?" 나는 물었다.

"별로 그렇진 않았어요. 무리하거나 부자연스러운 광경을 연출하진 않았으니까요. 마을 사람들이 우리를 공동체 일원이나 다름없이 여겨 주었기에 가능한 일이었죠. 그들도 우리를 항상 초대해 주었고요. 그 덕분에 자연스러울 수 있었던 것 같습니다. 어느 날 보니 제가 언제나 꿈꾸었던 사역을 실제로 하고 있더군요. 예수님을 전하고 가난한 이들을 돕는 일 말입니다. 다만 상상하지 못한 방식으로 이루어졌을 뿐입니다."

10년이 지난 후, 스콧과 수는 가족들과 함께 인도로 건너갔다. 이번에도 인터서브와 함께였다. 그들은 그곳에서 새로운 사업을 돕는 일을 시작했다. 북아프리카에서 그들이 하던 일은 계속 이어졌다. 현지 직원들이 회사를 인수해 요즘에도 항아리를 유럽으로 수출하고 있다. 잔치도 계속 이어지고 있으며 직원들은 여전히 예수님을 전하고 있다. 사업체는 지금도 성장 중이다.

스콧이 더욱 놀라워하는 것은, 이 모든 게 마그디가 애초에 계획해서 한 일이 아니라는 점이다. 얼마 전 마그디가 스콧에게 편지를 보내왔다. 이제 그 회사에서 소액대출 사업까지 시작했다고 한다. 마을 여자들이 닭을 살 수 있도록 돕기 위해서였다.

"그 시절을 통해 어떤 걸 배우셨나요? 가장 크게 깨달은 점이 있다면요?"

"비즈니스가 가난한 이들에게 다가갈 수 있는 훌륭한 도구라는 사실을 배웠습니다. 이를 통해 현지인들은 잃어버린 존엄성을 되찾고, 우리는 현지인들을 존중할 수 있다는 사실도요. 공동체의 일원이 되려면 그 공동체가 가진 가치와 그들이 돈을 다루는 방식을 존중해야 합니다. 공평한 조건으로 주고받을 때 비로소 우리가 그들의 품위와 존엄성을 지켜 줄 수 있음도 배웠어요. 이러한 것들이 바탕이 된다면 다른 일들도 가능하다고 생각합니다. 진정한 우정이나 수천 개의 항아리처럼요."

"그래서 비즈니스 선교의 강력한 지지자가 되신 거군요."

나는 미소를 지으며 펜을 내려놓았다. 자, 그럼 이제 이 집 딸내미 조이의 얘기 좀 들어볼까?

내가 진실로 너희에게 이르노니
너희가 여기 내 형제 중에 지극히 작은 자
하나에게 한 것이 곧 내게 한 것이니라.
마태복음 25:40

지극히 작은 자

마거릿의 이야기

2013년 7월은 한가했다. 그다지 중요한 일도 마감해야 하는 일도 없었다. 세 아들 모두 기독교 청소년 캠프에 가고 없었고 방학이라 대런이 가르치는 대학생들도 없었기에 우리는 이야기를 찾아나서기로 했다. 우리는 마거릿을 만나고 싶었다. 마거릿은 키르기스스탄의 대도시에서 10년째 섬기고 있는 선교사였다.

경유 시간을 포함해 총 48시간을 날아가 우리는 마침내 실크로드 근처에 도착했다. 톈산산맥에서 북쪽으로 40킬로미터 떨어진, 구소련의 비슈케크에 있는 곳이었다. 도착할 때쯤 나는 이미 긴 여행에 지칠 대로 지쳐 산을 내려다볼 기력도 없었다. 하지만 공항에서 마거릿을 만나니 다시 기운이 살아났다. 마거릿은 짧은 머리에 햇살처럼 빛나는 얼굴을 하고 있었다. 인터서브 호주 사무실에서 누군가 내게 이미 경고를 한 바 있었다. "그녀를 너무 좋아하게 될지도 몰라요. 마음씨가 아주 좋거든요. 자기가 가진 건 다 퍼 주려 하면서도 성품이 아주 강인한 사람이에요."

우리는 택시를 타고 마거릿의 아파트로 향했다. 창밖으로 가로수가 울창한 대로와 구소련 스타일로 지어진 딱딱한 콘크리트 빌딩들이 보였다. 거리를 걷는 이들 중 절반은 러시아인, 절반은 키르기스스탄인이었다. 한 30분간 이것저것 열심히 묻다 보니 어느새 마거릿이 사는 7층 아파트 앞에 도착했다. 시내 중심가에서 가까운 곳에 있었다. 우리집 식료품 창고보다 비좁은 엘리베이터를 타고 7층에 내렸다. 삼중으로 잠긴 문을 열고 마거릿의 집으로 들어갔다. 우리는 침실로 안내되었다. 그곳은 마거릿의 침실이었는데 일주일간 우리가 쓰도록 기꺼이 내준 것이었다. 자기는 거실의 간이침대에서 지낼 셈이라고 했다. 거실 옆으로는 작은 주방이 딸려 있었는데, 그곳에 난 창문으로 해발 4,500여 미터나 되는 산이 내다보였다. 정말장관이었다.

마거릿은 아침식사로 케피어(산악지대의 발포성 발효유)와 막 구운빵을 내왔다. 아침을 먹으며 우리는 마거릿에게 10년 전 이곳에 처음 도착했을 당시는 어땠느냐고 물었다. 마거릿이 도착한 2003년 겨울은 엄청 추웠다고 했다. 그녀는 러시아어를 배운 후 간호학과 대학원생들에게 산과학을 가르칠 계획이었다. 하지만 그곳에 도착한 그 주에 마거릿은 창밖을 내다보다가 쓰레기통에서 먹을 것을 뒤지는 노숙자 세 명을 발견했다. 그것도 개들과 함께.

마거릿은 아래층으로 내려가 먹을 것을 가져다주기로 했다. 마침 혼자 먹을 식사를 준비하면서 너무 많은 양을 만든 터였다. 인터서브팀 리더 부부와 나눌까 해서 전화를 했더니 이미 식사 중이라고 해서 난감해 하고 있었다. 남는 음식을 어떻게 할까 하며 창밖을 내다보는데 청소년 시절 주님이 가슴이 새겨 주신 말씀이 떠올랐다. 이사야 58장의 여호와께서 기뻐하시는 금식에 관한 구절로 "주린 자에게 네 양식을 나누라"고 명하신 말씀이었다. 주린 자들이 바로 눈앞에 나타난 것이다. 세 명의 노숙자가 쓰레기통 옆에 앉아 있었다. 두 명은 남자이고 한 명은 여자였다.

마거릿은 아랫층으로 내려가 그들에게 영어로 말을 걸었다. 아직 러시아어도 키르기스어도 못하던 때라서 어쩔 수 없었다. "먹을 것 좀 드릴까요?"

그러자 여성 노숙자가 그녀를 쳐다보더니 분명한 영어로 대답하는 것이 아닌가. "네, 주세요!"

마거릿은 그녀에게 그 자리에서 기다리라고 말한 다음 음식을 가지러 올라갔다. 만들어 둔 치킨캐서롤(닭과 야채 등을 넣고 삶은 요리)을 통째로 들고 얼른 다시 밖으로 나왔다. 영국에서 가져온 접시 위에 음식을 담아 그들을 대접했다. 세 사람은 땅바닥에 쪼그리고 앉아서 그 음식을 먹었다. 마거릿은 말했다. "다음 주에 다시 오시면 또 먹을 것을 드릴게요." 그날은 월요일이었다.

한 주가 지나고 세 사람은 같은 시간에 쓰레기통 옆에 앉아 있었다. 이번에는 셰퍼드파이(감자를 으깬 후 고기와 야채를 다져 넣어 구운 파이)를 가져갔다. 세 번째 월요일에는 그들이 보이지 않아 마거릿은 음식을 들고 세 사람을 찾아나서기도 했다. 그러다가 네 번째 월요일이 되었는데 현관문이 잠기는 바람에 집 안에 들어가지 못하는 일이 생겼다. 오전에 식재료를 사서 그걸로 요리를 시작해야 하는데 어쩐 일인지 열쇠가 말을 듣지 않아 집 안에 들어갈 수 없었다. 자물통 속에서 뭔가가 부서진 모양이었다.

슬슬 걱정이 밀려왔다. 마거릿은 열쇠를 들고 복도를 서성이며 다시 한번 문을 열어 보려고 했지만 여전히 열리지 않았다. 어찌할 바를 몰라 마음이 무거웠다. 단순히 자물통이 망가져서도, 집 안에 못 들어가게 되어서도 아니었다. 그런 일은 어떻게든 해결될 사소한 문제였지만 진짜 걱정은 노숙자들이었다. '어떡하지? 음식을 대접하겠으니 오라고 해놓고선 정작 안 나타나면 그들이 뭐라고 생각할까? 주린 배는 어디서 채울까?'

마거릿은 인터서브팀 리더의 집을 찾아가 초인종을 눌렀다. 부인이 맞아 주었다. 마거릿은 자초지종을 설명했다. "미안하지만 부탁할 게 있어요. 노숙자들에게 음식을 대접하겠다고 약속했는데 제가 지금 아파트에 들어갈 수 없는 상황이 되어서요……"

다행히 팀 리더의 부인이 돕겠다고 나섰다. 그녀의 도움으로 요리를 무사히 마친 마거릿은 노숙자들에게 음식을 대접할 수 있었다. 처음에 왔던 세 사람이 다시 왔다. 솔야, 마랏, 사샤가 그들의 이름이었다. 그 일은 계속되었다.

몇 주 후 팀 리더에게 연락이 왔다. 조심하는 게 좋겠다는 조언이었다. 마거릿이 그곳에 간 지 두어 달밖에 되지 않았는데 벌써 노숙자 급식 사역을 시작했다는 점을 우려했다. 아직 러시아어도 잘하지 못하는 상황에서 사역을 시작하기보단 언어가 어느 정도 된 다음에 현지 그리스도인들과 함께 그 일을 시작했으면 좋겠다는 것이 그의 생각이었다. 마거릿은 리더의 조언을 받아들이긴 했지만 마음이 편치 않았다. 지혜로운 자의 권고와 훈계를 따르기로 하면서도(잠 19:20) 현실적인 필요 앞에서 마음이 무거워졌다.

그녀는 이야기 도중 창밖을 가리키며 설명하기를, 이 도시의 인구가 80만 명인데 그중 3천 명이 노숙자라고 했다. 실로 엄청난 비율이다. 정부가 제공하는 사회복지 제도로는 감당이 되지 않고, 누구든 노숙자가 되면 그로부터 3년 내에 죽는 것이 일반적이었다.

한참 이야기를 나누는데 마거릿이 시계를 확인하더니 황급히 일어났다. 키르기스어 수업에 10분이나 늦었단다. 이미 잠에서 완전히 깬 우리도 밖으로 나가서 시내 중심가를 걸어 보기로 했다. 활기찬 노점상들과 조각상, 웅덩이, 전차, 매대에 놓인 리치(열대과일 중 하나로 우리말로는 '여지'라고 부른다) 등이 눈에 들어왔다. 그런 것들도 흥미로웠지만 우리는 무엇보다 노숙자들을 살펴보고 싶었다. 오른쪽으로 방향을 틀어 공원으로 향했다. 곧 벤치에 누워서 자고 있는 노숙자가 보였다. 우리는 너무 가까이 다가가지 않도록 주의하면서 사진을 한 장 찍을까 하는 생각을 했다. '혹시 마거릿이 아는 사람일까?' 그런 생각을 하며 걷다가 한 시간 후에 다시 아파트에서 마거릿을 만났다.

이번에는 마거릿과 함께 반대 방향으로 걸어 내려갔다. 마거릿은 종종 걸음을 멈추고 우리에게 이야기를 들려 주었다. "이곳은 지난 겨울 아르투르가 세상을 떠난 곳이에요. 이 쓰레기통에서 노숙자들이 먹을 것을 찾아요. 겨울이면 노숙자들이 이 맨홀에 들어가 잠을 자죠." 나는 여러 맨홀 중 하나를 들여다보았다. 물과 비닐 쓰레기가 범벅이 된 곳이었다. 겨울이면 이곳이 얼마나 춥고 축축할지, 눈이라도 내리면 얼마나 더 추워질지를 떠올려 보았다.

그 다음 모퉁이를 도니 이번에는 도랑에 앉은 노숙자 두 명을 만날 수 있었다. 마거릿은 그들의 이름도 알고 있었다. 그녀는 친구라도 되는 듯 그들에게 친근하게 말을 걸었다. 한 사람은 장님이었고 다른 한 사람은 목발을 짚고 있었다. 그의 손은 시퍼렇게 퉁퉁 부어 있었다. 마거릿은 그들과 러시아어로 대화를 나누더니 우리를 돌아보며 말했다. "배가 고프대요." 우리는 길 건너편 가게에서 닭고기 파이를 사다 주었다.

그런 후 다시 미니버스를 타고 큰길인 제벡 잘루를 따라 내려갔다. 마거릿은 임신한 어린 소녀를 병원에 데려다주었던 이야기를 들려주었다. 소녀는 이미 배가 많이 불러 있었다. 병원 직원이 소녀에게 주소를 물었다. 제벡 잘루 길에 산다고 마거릿이 직원에게 답하자 이번에는 번지수를 물었다. 그래서 맨홀이 집이라고 했다. 그러자 직원은 소녀를 환자로 접수하지 못하겠다며 거부했다.

마거릿은 도시 노숙자들이 신분증이 없어 자기 신분을 증명할 길이 없는 것을 가장 큰 문제로 꼽았다. 신분증이 없는 노숙자는 병원에서도 받아 주지 않는다. 병원은 이런 환자의 치료를 거부할 수 있기 때문이다. 서류 없이는 길에 사는 이들의 신분은 물론이고 그 어느 것도 증명할 수 없다. 노숙자들도 과거에는 신분증이나 출생증명서가 있었다. 심지어 여권을 가졌던 이들도 있다. 하지만 지금은 대부분 잃어버리고 없다. 화재로 인해 없어지거나 분실하거나 도둑 맞았기 때문이다. 서류를 복구하거나 재발급을 받으려면 돈이 필요한데 그럴 돈이 없다. 결국 악순환이다.

나는 미니버스에 앉아 창밖을 내다보며 그 상황을 머릿속으로 그려 보았다. 화재나 그 밖의 불행한 사고들. 마거릿은 과거에 버젓한 직장에 다녔던 노숙자들도 있다고 알려 주었다. 경찰이나 교사, 공무원 등으로 일했지만 실직 후 모든 것을 잃고 노숙자 신세가 된 이들도 많단다. 이혼 후 집을 잃은 경우도 있고, 어떤 이들은 감옥에서 나와 길거리를 전전하는 경우도 있다. 멀리 시골에서 일자리를 찾아도시로 왔다가 노숙자가 되기도 한다. 가장 큰 문제는 술이었다. 보드카 말이다.

그날 아침, 대런과 나는 길모퉁이의 작은 가게에 들어갔다가 보드카를 일회용 컵에 담아 파는 것을 보았다. 껌이나 사탕 등을 파는 코너에 같이 진열되어 있었다. "한 잔에 10솜." 10솜이면 겨우 20센트(한화 약 240원)인데 식빵보다 싼 가격이잖은가. 이건 단순한 문제가 아니었다.

인터서브팀 리더와 논의한 후 마거릿은 이 문제를 지역교회와 나누기로 했다. 그로부터 몇 달 뒤 마거릿의 러시아어가 어느 정도 유창해졌을 즈음, 그녀는 회중 앞에서 간증할 기회를 얻었다. 간증 끝 무렵에 마거릿은 하나님께서 지역교회가 노숙자 돕는 일에 동참하기를 원하시는 것 같다고 말했다. 그렇게만 이야기하고는 자리에 앉았다. 마거릿이 나서서 이래라저래라 하기보단 그들이 자원해서 이 일을 맡게 되길 바랐기 때문이다.

석 달 후 그 교회 출석교인 중 한 명이 마거릿에게 연락을 해왔다. "교회에서 기도회를 시작하려고 합니다. 노숙자들을 위해서요." 마거릿이 기도하던 바였다. 마거릿은 그들과 함께 노숙자를 위한 기도회에 참석하기 시작했다.

그즈음 마거릿은 러시아어 언어 훈련을 마치고 종합병원에서 일하며 대학원 과정의 간호사들에게 산과학을 가르치는 동시에 길에서 노숙자들을 치료하는 사역을 시작했다. 노숙자 치료는 솔야가 손가락을 다쳐 붕대를 감아 주면서 시작되었다. 이후 솔야는 아프거나 다친 노숙자들을 만나면 마거릿을 소개했다. 마거릿은 그렇게 길거리에서 치료를 시작했다.

시간이 얼마간 흐른 후, 이번에는 또 다른 교인이 찾아와 이렇게 말했다. "교회에서 노숙자들에게 식사를 제공하면 좋겠어요. 한 달에 한 번 정도요." 이 역시 마거릿이 기도하던 바로 그대로였다.

처음 모임에서 교회는 25명의 노숙자에게 식사를 제공했다. 둘째 달에는 그 수가 43명으로 늘어났다. 셋째 달이 되자 95명의 노숙자가 모였다. 밥을 먹으러 오라고 광고를 한 것도 아니었다. 이 일은 8개월이나 계속되었다.

그러다가 마거릿이 안식월로 두 달간 영국에서 지내게 되었다. 그런데 마거릿이 없는 사이에 교회 목사님이 노숙자들에게 식사 제공하는 일을 그만두기로 결정했다. 전염병을 우려했기 때문이다. 교인들이 두려워서 교회에 못 오게 될까 봐 걱정이라면서 이미 교회에 발을 끊은 교인들도 있다는 것이 목사님의 설명이었다. 그뿐 아니라 그 교회에는 수도가 없었다. 교회는 이웃집 정원에서 호스로 끌어온 물을 쓰고 있었다. 목사님은 노숙자 사역 자체에는 유감이 없으니 장소를 다른 곳으로 옮기면 어떻겠느냐고 제안했다.

당시 정부가 노숙자에게 제공하는 편의는 미흡하기 짝이 없었다. 노숙자 중에서도 엄마와 아이들을 위해 운영되는 정부 시설이 한 군데 있을 뿐이었다. 일반인들도 노숙자를 게으른 집단 취급을 하곤 했다(이 점에선 교회도 다르지 않았다). '그 지경이 된 것은 다 자기 탓이지. 일도 안 하는 이들을 뭐하러 도와주나? 하나같이 알코올 중독자들이 아닌가.' 노숙자들은 위험한 존재이기에 되도록 멀리해야 한다고 생각하는 것이 보편적이었다.

"하지만 노숙자들은 위험하지 않아요. 아무런 힘도 없는 존재들인 걸요. 사회적 약자예요." 마거릿은 말했다. 마거릿이 잠시 말을 멈추고 있는 사이 나는 내가 그동안 가지고 있던 태도를 반성했다. 그날 아침만 해도 노숙자에게서 멀찌감치 떨어져 그의 사진을 찍지 않았던가.

"노숙자를 가리키는 러시아 단어가 있어요." 마거릿이 말했다. "비즈돔네bisdomne가 그것이죠. 집이 없다는 뜻이에요. 사실 노숙자를 비하하는 단어는 따로 있어요. BOMJ라는 단어인데 공식 용어의 앞글자를 딴 말이에요. 그런데 그 발음이 불쾌하게 들리거든요. 모욕적으로 들리게 하려고 사람들은 일부러 그 단어를 사용하죠."

마거릿이 가장 힘들었던 건 아무도 노숙자를 그들의 형제자매로 여기려 하지 않는다는 점이었다(그 도시는 물론이려니와 고향인 영국에서도 마찬가지였다). 노숙자는 왜 우리의 형제자매에서 제외되는지 이해할 수 없었다. 노숙자 다섯 명이 죽은 해가 있었다. 모두 예수님을 믿는 이들이었다. 마거릿은 너무 슬펐다.

그중에서도 우랄이라는 남자는 주님을 깊이 사랑하여 지역교회에도 출석하던 이였다. 그는 알코올 중독자였다. 그는 치료를 마치지 못해 결국은 다제내성 결핵에 걸렸고 결핵병동에서 세상을 떠났다. 마거릿은 울었다. 그의 임종을 지키고 나오던 길, 마거릿은 모든 것이 힘들게만 느껴졌다. 왜 아무도 신경 쓰지 않는 걸까? 왜 아무도 이 사람을 찾아와 울어 주지 않는 걸까? 왜 아무도 그를 형제로 기억해 주지 않는 걸까? 마거릿은 도저히 이해할 수 없었다.

마거릿은 집으로 돌아와 우연히 마태복음 25장을 펼쳐 다시 읽게 되었다. 이전에는 한 번도 주의 깊게 보지 않던 구절이 눈에 들어왔다. "너희가 여기 내 형제 중에 지극히 작은 자 하나에게 한 것이 곧 내게 한 것이니라"(40절). 예수님은 "내 형제"라는 표현을 쓰셨다. 예수님께서 우랄을 형제라고 부르신 것이다. 세상 사람 누구도 우랄을 형제로 여기지 않았지만 예수님만은 형제로 여기셨다. "내 형제 중에 지극히 작은 자 하나에게 한 것이 곧 내게 한 것"이라고 말씀하셨다. 마거릿은 그로부터 며칠간 친동생이 죽은 것처럼 슬퍼하며 우랄을 위해 울어 주었다.

마거릿은 잠시 아무 말도 하지 않았다. 내 눈에도 눈물이 고였다. 대런은 부엌으로 가서 저녁을 준비했고 우리는 렌틸 수프를 먹으며 다른 이야기를 시작했다. 나중에 나는 성경을 꺼내어 마태복음 25장을 찾아보았다. 내가 가진 NIV 성경에도 진짜로 "내 형제"라는 표현이 등장할까? 왜 그걸 여태 몰랐지? 정말 그랬다. 40절에 "너희가 여기 내 형제 중에 지극히 작은 자 하나에게 한 것이 곧 내게 한 것

우랄이라는 남자는 알코올 중독자였다.
그의 임종을 지키고 나오던 길, 모든 것이 힘들게만 느껴졌다.
왜 아무도 신경 쓰지 않는 걸까?
왜 아무도 이 사람을 찾아와 울어 주지 않는 걸까?
왜 아무도 그를 형제로 기억해 주지 않는 걸까?

이니라"는 말씀이 정말로 거기에 있었다. 나는 그 구절에 밑줄을 긋고 날짜를 적었다. 앞으로 이 구절을 읽을 때마다 맨홀을 떠올리지 않을 수 없으리라.

우랄이 세상을 떠난 후, 마거릿은 노숙자 사역에 관심을 보이는 학생 사회복지사를 알게 되었다. 그의 이름은 울칸이었다. 울칸은 마거릿이 거리에서 환자들을 치료할 때 따라가고 싶다고 했다. 마거릿은 동의했고 울칸은 마거릿과 함께 다니게 되었다. 울칸도 처음에는 노숙자에게 가까이 다가가지 않으려 했다. 몇 발자국 떨어진 곳에서 기도만 할 뿐이었다. 그러던 중 아자맛이라는 형제도 동참하게 되었다. 그는 교회에서 자원봉사자로 돕는 형제였는데, 마거릿은 그에게 노숙자를 향한 마음이 있음을 눈치챘다. 어느 날 아자맛이 돕고 싶다고 말했다. 아자맛이 처음 거리로 따라나서던 날, 그는 너무 참혹하지만 도울 수 있다는 사실이 기쁘다고 말했다. 그들은 센터 건립을 위해 함께 기도했다. 거리에서 상처를 치료하는 일이 점점 어려워졌기 때문이다.

그해 '술주정뱅이 골목'에 살던 밀리스와 미라라는 노숙자 둘을 만났다. 미라는 무릎 아래로 다리를 절단한 상태였는데 상처가 아물지 않아 고생하고 있었다. 밀리스는 족부 궤양 환자였다. 둘 다 움직이지 못했다. 마거릿이 밀리스를 만나러 갈 때마다 밀리스는 그녀의 발목을 붙들고 이렇게 말했다. "저를 위해 기도해 주세요. 기도해 주세요." 그러면 마거릿은 그를 위해 기도했고 밀리스도 함께 기도했다. 그들은 함께 울었다.

어느 날 밀리스는 하수구에 드러누운 채 움직이지 못하는 상태에서 마거릿의 치료를 받았다. 때는 겨울이었다. 눈이 오기 시작하고 있었다. 울칸과 마거릿은 두 사람을 중독치료 시설이 있는 병원에 데려가기로 했다. 둘은 힘을 합쳐서 밀리스와 미라를 택시에 태워서 병원으로 향했다. 막상 도착하니 병원 직원들이 그들을 거부했다. 너무 더럽다는 것이 이유였다.

마거릿은 좋은 생각이 떠올랐다. 그녀는 스코틀랜드로 휴가를 가고 없는 인터서브 선교사를 한 명 알고 있었다. 그녀의 이름은 마릴린이었는데 그녀의 집이 근처에 있었다. 마침 마릴린은 아파트 열쇠를 마거릿에게 맡기고 갔다. 밀리스와 미라를 마릴린의 아파트로 데려가 씻기면 어떨까? 울칸은 그러자고 했다. 하지만 목욕 시키는 일은 둘째치고 이들을 들쳐업고 계단을 올라가 그 집으로 옮기는 것부터가 보통 일이 아니었다. 밀리스는 혼자 씻을 수 있었지만 미라는 마거릿과 울칸이 씻겨 줘야 했다. 미라는 머리에 이가 득실거려 결국 삭발을 해야 했다. 그런 다음 두 사람은 마릴린의 욕실을 깨끗이 청소했다.

마릴린은 이들이 다녀간 사실을 눈치채지 못하는 듯했고, 중독치료 병원은 밀리스와 미라를 환자로 받아 주었다! 밀리스는 재활치료에 들어갔고 마침내 술을 끊을 수 있었다. 나중에 그는 그 재활센터에서 자원봉사자로 섬겼다. 무엇보다도 이 사건을 통해 마거릿에게 노숙자 센터의 필요성이 더욱 절실한 문제로 다가왔다. 마릴린의 욕실을 계속 사용할 수는 없는 노릇이었다.

어느 날 교회에서 마거릿의 사역을 돕던 현지 청년들 중 한 명이 마거릿에게 여전히 장소를 물색 중이냐고 물었다. 마거릿은 그렇다고 대답했다. 그는 매물로 나온 집을 가리키며 말했다. "저 집은 어때요?"

상태가 썩 좋은 집은 아니었다. 낡고 축축한 건물이었다. 하지만 센터를 운영하기엔 딱 맞았고 가격도 적당했다. 마거릿은 아자맛과 울칸, 그리고 같은 기도 모임의 일원 몇 명과 함께 다시 그 장소를 보러 갔다. 건물 안은 35명, 바깥 마당은 40명이 모여서 밥을 먹을 수 있는 공간이었다. 그만한 공간은 있어야 했다. 그뿐 아니라 진료실로 쓸 공간도 있고, 그보다 좀 더 큰 방도 있어 옷이나 각종 물품을 보관할 창고로 쓸 만했다. 건물 안에도 작은 부엌이 있었지만 바깥에도 러시아 난로가 있어 밖에서도 요리가 가능했다. 화장실도 있었다. 그런데 이미용을 위한 공간이 없었다. 마거릿은 복도를 활용해 그곳에서 노숙자들의 머리를 잘라 주기로 했다. 그곳은 정말이지 특별히 예비된 공간이었다.

그들은 가장 먼저 피아노부터 구했다. 예배가 이 모든 사역의 중심이 되어야 했기 때문이다. 매주 토요일이면 아자맛은 피아노를 연주했다. 마침 아자맛은 3년간 음악학교를 다닌 경험이 있었다. 그는 연주를 통해 온 마음과 정성으로 주님을 예배했다. 센터는 일주일 중 사흘 동안 개방되었다. 그들은 노숙자들에게 먹을 것을 제공하고 아픈 곳을 치료해 주며 입을 옷을 주었다. 그때마다 함께 찬양을 부르며 복음을 전했다.

센터가 생긴 건 감사한 일이지만 그렇다고 노숙자들의 삶이 개선된 것은 아니었다. 그들은 여전히 고통을 겪고 계속 죽어 갔다. 동상으로, 알코올 중독으로, 감기로, 결핵으로……. 살해당하는 일도 있었다. 노숙자들은 풋내기의 범죄 대상이 되기 일쑤였다. 마거릿은 이곳으로 오기 전 영국에 있을 때, 아기를 사산한 산모들을 돕는 사별 카운슬러로 일한 경험이 있었다. 그렇기에 비애를 다루는 일에 나름대로 익숙했다. 하지만 직접 죽음을 마주하는 것은 완전히 다른 이야기였다.

"매일 누군가 죽었다는 소식을 들어요. 전혀 다듬어지지 않은 날것으로요. 아무에게도 사랑받지 못하고, 임종을 지켜 주는 가족도 없고, 그렇다고 이들을 어떻게든 살려 보려는 의료진도 없는 죽음이요. 아무도 보듬어 주지 않는, 인간의 존엄성이라곤 찾을 수 없는 삭막한 죽음이죠."

두 해 전 겨울, 마거릿은 또다시 끔찍한 죽음을 연달아 마주했다. 사샤라는 러시아 소녀는 간경변을 앓고 있었다. 사샤는 점점 죽어 가고 있었고 걸을 수도 없는 지경이 되었다. 이미 예수님를 믿게 된 소녀였는데 퇴원 후 갈 곳이 없었다. 센터에 며칠 머물렀지만 센터는 장기 환자를 수용할 수 있도록 허가를 받은 곳이 아니었다. 사샤는 결국 남자친구에게 돌아가겠다고 했다. 남자친구 역시 길거리 신세였는데 그의 이름은 무사였다. 무사는 매트리스를 구해 강가에 깔고 사샤가 비를 맞지 않도록 나무 위로 비닐천막을 덮어 지붕을 만들었다. 마거릿은 팀과 함께 사샤가 누워 지내는 강가를 정기적으로 방문했다. 어느 날 마거릿은 울칸의 전화를 받았다. "도움이 필요해요! 사샤가 방금 죽었어요!"

"끔찍한 장면이었어요." 마거릿이 말했다. "그곳에 도착해서 보니 사샤가 나무에 기대어 앉아 있는 것 같던군요. 해가 나무 뒷편으로 지고 있어 그 모습이 실루엣으로 보였어요. 얼굴은 하얀 대리석 같았고요. 참담했어요. 남자친구의 말로는 사샤가 죽기 전에 환각증세를 일으키며 헛것을 보고 발작을 했대요. 결국 그가 사샤를 강물에서 끌어내어 나무 곁에 앉혀 놓았고요."

마거릿은 그때 일을 기억하며 울음을 터뜨렸다. 그 장면을 상상하니 나도 울지 않을 수 없었다. "사샤가 그렇게 강가에서 죽다니요." 마거릿은 고개를 절레절레 흔들며 말했다. "어떻게 그럴 수 있어요?"

그 사건을 계기로 마거릿은 죽어 가는 노숙자들을 위해 공간을 마련해야겠다는 생각이 더 절실해졌다. 노숙자들도 사랑과 보살핌 속에서 임종을 맞이할 수 있는 곳 말이다. 그때까지만 해도 센터는 낮 시간에만 운영할 수 있었기에 노숙자들을 재울 수 없었다. 그런데 작년에 기적적으로 땅을 하나 새로 매입하여 임종의 집을 위한 기초를 다졌다. 그녀의 꿈은 마지막을 준비하는 노숙자들을 위해 커다란 창문이 달린 거실을 꾸미는 것이다. 정원과 산을 내다보며 쉴 수 있도록 말이다. 그 집을 지으려면 3만 달러나 더 있어야 한다. 그리고 말기 환자를 돌보는 호스피스 기술을 현지인들에게 가르치고 훈련시켜 줄 누군가가 와야 한다. 마거릿의 말에 따르면 그 도시의 종합병원에서 일하는 사람들은 호스피스에 대해 배워 본 적이 없다고 한다. 그들은 아직 마지막을 맞이하는 이들에게 부드럽고 친절하게 대해야 한다는 사실도 모른다. 그렇기에 이 계획은 아직 마거릿의 꿈일 뿐이다. 현재의 기도제목이다.

우리는 고개를 끄덕이며 그녀가 말한 집과 창문과 산을 상상해 보았다. 다음 날 우리는 마거릿의 아파트에서 나와 넓고 나무가 울창한 대로로 다시 걸어 나갔다. 실크로드라는 길에서 좌회전하여 오른편의 러시아정교회를 지나 골목길을 따라 100미터쯤 걸어 내려가니 커다란 빨간 대문이 나왔다.

삐걱거리는 문을 밀고 들어가니 노숙자들이 이미 마당에 모여 있었다. 비니를 쓴 여인, 목발을 짚은 키 작은 남자, 코가 부러진 청년…… 그중 두 사람은 야외 개수대에서 씻고 막 면도를 시작한 참이었다. 또 다른 남자는 비닐봉지에 든 빨랫감을 세탁기에 털어 넣고 있었다. 마거릿이 나타나자 사람들의 얼굴이 환해지더니 눈에서 빛이 났다. 면도하던 남자가 다가와 마거릿에게 허리 통증을 호소했

다. 찬 데서 자다 보니 소변 기능에 문제가 생긴 것이다. 신장 문제
일 수 있다고 마거릿이 말했다. 또 다른 남자는 통통 붓고 변색된 발
을 보여 주었다. 누군가는 와서 손에 감은 붕대를 풀어 보였다. 손가
락이 하나 없었다. 마거릿은 그를 치료실로 안내했다. 치료실에 가면
울칸이 새 붕대로 갈아 줄 것이다.

나는 마당을 거닐다가 수프를 젓고 있는 남자에게 말을 걸어 보
았다. 그는 페치카에 100리터의 토마토 스튜를 끓이는 중이었다. 페
치카 맞은편 방에는 피아노가 놓여 있었다. 점점 더 많은 이들이 마
당을 채우고 있었다. 아자맛이 피아노에 앉아 러시아어로 노래 부르
며 연주하기 시작했다. 어느새 방과 마당이 음악 소리로 가득 채워
졌다.

"주 안에서 항상 기뻐하라 내가 다시 말하노니 기뻐하라……"

따라부르지 않고는 도저히 못 견디도록 그는 이 곡을 계속해서
연주하고 또 연주했다. 영혼이 담긴 연주였다. 우리의 형제자매인 노
숙자들도 피아노가 딸린, 오래되어 빛바랜 하얀 그 방으로 하나 둘
씩 모여들기 시작했다. 나무 벤치에 걸터앉아 연주를 듣기도 했다.
몇몇은 고개를 위로 향하기도 했고 허밍으로 따라부르거나 눈을 감
고 기도하는 이들도 있었다.

"다 알 수 없네 주의 은혜 내 죄 위한 주 십자가……"

모든 이들이 식사와 목욕과 따스한 햇볕 아래서의 휴식을 마친
후, 나는 마거릿에게 이 도시에서 노숙자들과 함께 보낸 10년을 통

해 배운 것이 무엇이냐고 물었다. 답이 돌아오기까지 시간이 오래 걸리지 않았다. "하나님께서 노숙자들을 사랑하신다는 사실이요." 간단한 대답이었다. "그들도 예수님의 형제자매라는 사실이요. 예수님께서 그들을 몇 번이고 다시 구원하신다는 걸요. 이따금 그들을 일찍 주님의 품으로 데려가시기도 해요. 이곳에서 그들의 삶이 나아지지 않을 것을 잘 알기에 그러시는 게 아닐까요? 어쩌면 자비를 베풀어 주시는 것일 수도 있어요. 주님의 용서가 어찌나 큰지 주님은 이들의 마음에까지 내려오신답니다. 먹고살 거리도, 살아야 할 이유도 없는 이들에게 말이에요. 주님은 그들 마음속에 숨겨진 주님을 향한 갈망을 찾아내 끌어당기시죠. 주님이 그렇게 하시는 것을 저는 여러 번 보았답니다."

마거릿의 눈에 다시 눈물이 고이기 시작했다. 그녀는 눈물을 닦으며 이렇게 말했다. "지난 주엔 어떤 노숙자에게 편지를 받았어요. 러시아어로 이렇게 썼더라고요. '나를 사랑해 주고 받아 준 당신을 통해 하나님께서 여전히 나를 사랑하고 받아 주심을 알게 되었습니다.' 저는 그 편지를 보고 울고 말았어요. 그것이 제가 여기서 살아가는 이유랍니다."

"정말 아름답군요." 나는 펜을 내려놓으며 말했다.

일주일 전의 내 모습이 떠올랐다. 노숙자는 위험하고 무서운 존재라고 여기던 내 모습, 먼발치에서 사진이나 찍으려 했던 모습. 어쩌면 더 큰 위험은 내 마음속에 도사리고 있는지도 모른다. 내 앞의 모든 사람이 어떤 외모를 하고 있든지, 어떤 곳에서 잠을 자든지, 손이 시퍼렇게 부어올랐든지 말든지 상관없이 모두 내 형제요 자매임을 쉽게 잊고 사는 내 마음속 말이다.

이는 내가 약한 그때에 강함이라.

고린도후서 12:10

약함 가운데서

누가의 이야기

인터서브가 중앙아시아로 선교사를 파송하기 시작한 것은 1990년대 초반이었다. 때는 다섯 개 국가가 구소련으로부터 독립한 직후였다. 당시는 사회적, 정치적으로 엄청난 격변기였다. 누구든 그 소용돌이 속에서 살아야 했고, 동시에 누구든 손만 뻗으면 뭐든 잡을 수 있는 기회의 시기이기도 했다. 시키는 대로 하는 것에만 익숙했던 그곳 주민들에게 이러한 변화는 큰 도전으로 다가왔다. 민주주의와 자본주의 시장경제를 가진 독립국가라니, 누군가 정해 준 규율만 따르면 되었는데 이제 와서 스스로 규칙을 정하라니 이건 또 무슨 뜻인가? 세상이 어떻게 되려고 이러는가? 모든 게 새로웠고 모든 게 궁금했지만 직접 부닥쳐 보지 않고선 아무도 대답해 줄 수 없는 시기였다.

1993년 인터서브는 이러한 분위기 속에서 이곳으로 선교팀을 파송했다. 다섯 명의 외국인으로 구성된 팀이었다. 이들은 미래에 있을 다양한 의료와 교육의 필요를 채울 목적으로 다목적 기관을 설립할 계획이었다. 모든 게 순조로웠다. 정부도 이들을 환영했다. 지하교회도 반겨 주었다. 물론 조용히. 그러자 인터서브 신입회원들이 이 새로운 나라에서 시작된 새로운 팀에 합류하겠다고 지원하기 시작했다. 물리적인 필요와 영적인 필요가 가시적으로 드러나는 곳이었기 때문이다. 그 결과 다섯 명으로 시작된 인터서브팀은 첫 두 해가 지나며 100명으로 늘어났다.

당시 이 일을 시작했던 인터서브 파트너 중에 누가라는 한국인 치과의사가 있었다. 그는 1995년 아내와 두 아들과 함께 비슈케크에 도착했다. 누가는 치과 진료와 제자양육을 병행하는 사역을 꿈꾸었다. 비슈케크에 오기 전에는 예수전도단(YWAM 한국지부) 소속으로 10년간 캠퍼스 사역을 하면서 수백 명의 대학생들이 예수님께 나아와 제자가 되어 가는 과정을 보았다. 정말 신나는 경험이었다. 그런 좋은 기억을 가지고 있던 그였기에 키르기스스탄으로 오면서도 그와 같은 결과, 아니 더 나은 결과가 있으리라고 기대했다.

누가와 그의 가족이 사는 아파트는 마거릿의 집에서 가까웠다. 돌아다니며 사람들의 이야기를 수집하여 글로 엮는 내겐 고마운 일이었다. 마거릿과 함께 거리를 다니며 맨홀의 의미와 주님 안에서 형제자매란 무엇인지를 되새기며 사흘을 보낸 후, 나는 누가에게 전화를 걸었다. 전화를 거는 일이야 간단했지만 저편에서 전화를 받은 사람은 내가 전혀 이해할 수 없는 언어로 대답했다. 한국어인지, 러시아어인지, 키르기스어인지 도통 감을 잡을 수 없던 나는 웃음을 터뜨리며 수화기를 마거릿에게 넘겼다. 마거릿이 나보다 뛰어난 것은 노숙자를 향한 사랑만이 아니었다. 그녀는 외국어 구사 능력도 뛰어났다.

잠시 후 마거릿 덕분에 수화기가 누군가에게 무사히 전달된 모양이었다. 마거릿에게 전화를 넘겨받은 나는 누군가와 만날 약속을 잡았다. 알고 보니 그의 가족은 사흘 뒤면 안식년 차 한국으로 떠날 예정이었다. 그뿐 아니라 그 주간에는 선교 단기팀도 방문 중이었다. 게다가 이튿날부터 이틀간 보건부 장관과의 회의도 잡혀 있었다. 새로 시작한 프로젝트가 있었는데 안식년을 떠나기 전에 이에 관한 논의를 마무리하기 위해서였다. 나는 속으로 말했다. '아이고, 이 일을 어쩌나.' "그래도 시간을 내야죠." 그가 차분하고 다정한 목소리로 말했다. "보건부 장관께서 언제 시간이 날지 몰라서요. 아침이 될지 오후가 될지 아직 모른답니다. 회의가 끝나고 나오면 제가 전화 드리겠습니다."

나는 대런에게 이 계획을 알렸다. 우리는 함께 시장에 나가 저녁 거리로 쓸 버섯을 찾아보기로 했다. 버섯을 찾는 일은 보건부 장관을 만나는 것보다 덜 중요한 일이겠건만, 우리는 어쩌다가 오전 시간을 몽땅 쓰고 나서야 그 임무를 완수할 수 있었다. 버섯을 뜻하는 러시아어가 '무좀'이라는 단어와 비슷하게 들리는 것이 주된 장애물이었다.

세 시간 후 누가에게 전화가 왔고 우리는 만나기로 했다. 그에게 마거릿의 집으로 오라고 하고 대접할 차를 끓였다. 그는 정장 셔츠에 회색 바지를 차려입고 나타났다. 우리는 웃으며 악수했다. 찻잔에 차를 따른 후 나는 보건부 장관과의 회의는 순조로웠는지 물었다. 그는 그렇다고 대답하면서 오후에 다시 돌아가 한 번 더 만나야 한다고 했다. 나는 차를 마시며 누가의 연락처 목록과 마거릿의 연락처 목록, 그리고 스콧의 연락처 목록은 참 다르겠구나 하는 생각을 했다. 우리는 어쩌다 이렇게 다른 곳에 정착하게 되었을까? 나는 누가에게 18년 전, 치과 사역이 어떻게 시작되었는지 들려달라고 했다.

"우리가 도착했을 때는 말입니다," 그가 말했다. "이곳은 치과 치료가 필요한 사람들로 가득했습니다. 여자와 아이들은 충치가 심해서 음식을 제대로 먹지도 못하고 있었죠. 우리는 당장 사역을 시작하고 싶었지만 도심에서 치과를 개원하려면 절차가 복잡했어요. 절차도 절차지만 무엇보다 치과 훈련을 받은 현지인들이 필요했고요. 그래서 시골에서 먼저 시작하기로 했습니다." 그는 이 말을 하며 산 쪽을 가리켰다.

"어떤 마을을 골랐나요?" 나는 물었다. 저 수많은 곳 중에서 어떤 기준으로 마을을 골랐는지 궁금했다.

누가는 상의하달 방식인 키르기스스탄의 문화를 먼저 설명했다. 그래서 그는 1995년 보건부 장관을 찾아가 시골 주민들에게 구강건강교육을 실시하고 싶다는 의사를 밝혔다. 그는 보건부 장관에게 허가를 받은 교육 프로그램을 짰다. 그리고 지방 자치단체의 교육 공무원들을 찾아다니며 그들의 추천을 받았다. 그런 다음 시골마을의 학교들을 돌면서 급수 설비가 되어 있는지, 아이들이 점심식사 후 양치를 할 수 있는지 등을 조사하기 시작했다.

누가의 접근 방식은 마거릿의 방식과 흡사했다. 실질적이었다. 그는 마을의 학교를 일일이 방문하여 문의했다. 그렇게 모든 마을과 학교를 방문한 후 사역을 시작할 마을과 학교를 선정했다. 수도에서 차로 한 시간 가량 떨어진 곳에 있는, 수백 년이 지나도록 외부 세계와 아무런 교류 없이 폐쇄된 마을을 골랐다. 그 마을에 사는 400명의 성인 중 아주 소수만이 월급이라는 걸 받으며 생활하고 있었다. 학교 교사 열 명과 보건소 직원 한 명이 그들이었다. 나머지 주민들은 소작농이었다. 그 마을의 학교에 다니는 학생은 총 150명이었다.

마을 지도자들과 만난 후, 누가와 그의 팀은 마을 주민을 대상으로 보건교육과 예방교육을 해도 된다는 허락을 받았다. 첫 주에 실시한 구강건강 조사를 통해 마을의 거의 모든 아이들이 충치를 최소한 여섯 개씩은 가지고 있다는 사실을 알게 되었다. 그뿐 아니라 구강청결 관리에 대해서도 조사했다. 모든 아이들이 어쩌다 가끔(키르기스어로 이를 '운다 순다'라고 한다) 양치를 한다고 대답했다. 자기 첫

솔이 있는 아이는 거의 없었다. 누가의 팀은 보건교육 프로그램을 만들어 아이들과 학부모와 교사를 대상으로 구강청결 교육부터 실시했다.

"효과가 금방 있던가요?" 나는 물었다.

누가는 미소를 지었다. "여기는 키르기스스탄인 걸요. 시계가 아주 느리게 움직이는 곳이죠. 항상 제2안, 제3안, 제4안을 준비하고 있어야 한답니다."

"한국과는 많이 다르죠?"

"그럼요." 그가 다시 미소를 지으며 말했다. "날마다 저 자신에게 여기는 한국이 아님을 상기시키죠."

나는 18년 동안 여기는 한국이 아니라고 스스로에게 상기시키며 비슈케크 거리와 주변 마을을 걸어다녔을 누가의 모습을 머릿속에 그려 보았다. 첫 여섯 해 동안은 팀이 일주일에 두 번씩 마을에 들어갔다. 시간이 흐르면서 프로젝트의 규모가 커져 구강건강뿐 아니라 기초건강 교육도 하기 시작했다. 마을을 통틀어 쓸 수 있는 물펌프는 하나뿐이었다. 이 펌프로 오십 가구가 먹고 살아야 했다. 매일 아침, 마을 여자들이 항아리와 물통 등을 들고 펌프 앞에 길게 줄을 섰다. 매일 물 긷는 데만 몇 시간씩 소비되었다. 물 공급은 위생 문제 전반에 직접적인 영향을 미쳤다.

"물이 원활하게 공급되도록 돕고 싶었어요." 누가가 말했다. "하지만 굉장히 복잡한 사안이었죠."

그의 팀은 높은 지대에 저수지를 건설하면 물과 관련된 수많은 문제가 해결되고 물이 각 가정으로 직접 공급되리라는 것을 잘 알았다. 하지만 외국에서 후원금을 끌어다가 손쉽게 해결하기보단 먼저 교육을 하고 자문해 주는 방식으로 일하고 싶었다. 발전이 지속 가능하려면 마을 사람들이 자발적으로 아이디어를 내고 결과를 도출하도록 하는 것이 최선이기 때문이었다. 그들은 이 문제를 마을 주민들과 상의하면서 저수지 설계를 도왔다. 하지만 몇 년이 지나도 저수지 건설은 시작되지 않았다. 주민들은 이론적으론 이 계획에 동의했지만 자본이 없었기에 착수할 엄두를 못 냈다. 그로부터 또 몇년이 지난 지금까지 물 공급 문제는 해결되지 않은 상태다.

누가는 한숨을 쉬며 말했다. "참으로 복잡한 문제예요. 우리는 주민들이 스스로 나서길 바라는데 그게 뜻대로 되지 않네요."

나도 그의 생각에 동의했다. 건강하면서도 지속 가능한 선교 원칙을 따라야 한다는 부담감, 그리고 그것이 항상 우리가 기대하는 최선의 결과를 가져오지 못한다는 현실 사이에서 갈등이 일어난다. 나는 그러는 동안에 마을 주민들이 그의 팀에게 마음을 열었느냐고 물었다. 처음엔 주민들도 의심의 눈초리로 그들을 보았다고 한다. 자기들을 강제로 개종시키려고 온 것은 아닌가 해서였다. 마을의 이러한 분위기를 고려해 팀은 절대 드러내며 복음을 증거하지 않았다. 그랬더라면 마을 사람들은 진작에 마음을 닫았을 것이며 그들과 친구가 되지 못했을 것이다. 누가의 팀은 일부러 상당 기간 동안 주민들에게 직접 복음을 전하지 않기로 결정했다. 그렇게 2년이 흐르자 주민들이 이렇게 말했다. "이제 당신들을 믿겠소." 그리고 3년이 흘렀다. 한번은 그의 팀이 마을 잔치에 초대되었는데 그곳에서 마을 주민인 한 여성이 누가의 아내에게 자기들을 위해 기도해 달라는 부탁을 했다. 누가의 아내는 함께 기도했고 이런 일이 있음에 주님께 감사를 드렸다. 서로 신뢰를 쌓기까지 얼마나 오랜 시간이 걸렸는지 떠올리며 누가는 미소를 지었다.

마냥 기다린다는 건 말처럼 쉬운 일이 아니다. 첫 두 해가 지나자 팀원 몇몇이 이 사역의 지속 여부에 의구심을 갖기 시작했다. 대놓고 복음을 증거할 기회가 영 없어 보였기 때문이다. 복음도 전하지 못하는데 왜 사역을 계속한단 말인가? 이는 단순히 복음에 대한 저항의 문제가 아니었다. 그 마을 공동체는 결속력이 대단해서 누군가 개종을 할 경우 그는 마을에서 강제 추방을 당해야 했다. 그가 가지고 있는 경제적 권리나 사회적 지위를 몽땅 빼앗긴 채로. 그렇다면 과연 이 사역은 지속되어야 하는가? 이것이 과연 지혜로운 선택일까? 몇 해 동안 팀 내에서 이런 질문이 계속 제기되었다.

그러던 어느 날 누가는 하나님의 응답을 듣게 되었다. 응답이지만 질문의 형태였다. 하나님께서 누가에게 이렇게 물으시는 것 같았다. "네가 진실로 이 사람들에게 내 사랑을 전하기를 원한다면, 지금 네가 하고 있는 이 방식보다 더 나은 방식이 네게 있느냐?" 중요한 질문이었다. 누가는 하나님의 사랑을 주민들에게 전하는 데 현재 팀이

하고 있는 이 일보다 더 마땅한 방법을 알지 못한다는 사실을 깨달았다. 마을 사람들은 그의 팀이 마을에 들어와서 하는 일거수일투족을 지켜보고 있었다. 어쩌면 언젠가 그들이 거꾸로 질문을 해올지도 모른다. 팀은 그렇게 4년을 더 그 마을에서 섬겼다.

나는 이 말을 수첩에 받아 적으면서 나중에 반드시 다시 읽어 봐야겠다고 다짐했다. "다른 이들에게 사랑을 전하는 데 내가 지금 하고 있는 이 일보다 더 마땅한 방법을 알고 있는가?"

나는 누가에게 시간이 흐르면서 변화가 일어났는지 물었다. 그는 그 마을에 들어간 지 5년이 되던 해에 학교 교장이 그들에게 반감을 품었다는 이야기를 들려 주었다. 교장은 팀을 마을에서 내쫓자는 탄원서에 서명을 하라고 마을 사람들에게 강요했다. 그들이 기독교 선교사라는 것이 이유였다. 팀은 그들이 원하는 대로 해주었다. 마을을 떠난 것이다. 3주 후, 주민들이 찾아와 그들에게 돌아와 달라고 부탁했다. 알고 보니 마을 주민들은 교장의 의견에 전혀 동의하지 않았던 것이다. 그들은 교장에게 이렇게 말했다고 한다. "이들은 우리 마을에 들어와 5년째 일하고 있는데, 그동안 어떤 종교 활동도 한 적이 없습니다. 우리는 이 사람들을 좋아합니다. 그들은 우리 이름도 모두 알고 있어요."

누가의 얼굴에 미소가 떠올랐다. 최고의 피드백이었다. 그와 그의 팀은 마을에 남아 주변 마을에서도 지역보건 사역을 시작했다. 이동 보건소를 꾸려 마을마다 방문하며 치과 치료와 더불어 예방 프로그램을 운영했다. 사역은 순조로웠다.

어느 날 비슈케크의 의과대학 학장이 누가를 찾아왔다. 그는 누가에게 현지인 치과의사 양성을 위한 훈련 프로그램을 운영해 달라고 요청했다. 사역이 생각지 않은 방향으로 열린 것이다. 그러한 일이 필요하다는 생각은 항상 했지만 이런 요청을 받으리라곤 예상치 못했다. 키르기스스탄의 치과의사들은 좁은 분야에 대해서만 훈련을 받았기 때문에, 자신이 속한 지역사회에서 환자들을 두루 보살피려면 좀 더 포괄적이고 종합적인 치의학 훈련을 받아야 한다는 사실에 누가도 동의하는 바였다. 하지만 어디를 어떻게 손대야 할지를 몰랐다.

그러다가 2000년이 되었다. 누가는 의과대학 학장의 제안을 더 이상 거절할 수 없음을 깨닫고 현지인 치과의사들을 가르치는 일을 시작했다. 가장 먼저 비슈케크에 치과병원을 설립하기로 했다. 다행히 누가가 처음 파송받아 이곳에 올 때 가져온 치과의자 두 대가 있었다. 만약을 대비해서 가져온 의자였다. 그 의자 두 개로 치과를 만든 후, 비슈케크에서 치과대학 7년 과정을 모두 마치고 진료 경험도 있는 이들 중에서 다섯 명을 훈련생으로 선발했다. 선발 작업은 쉽지 않았다. 누구를 골라야 할지 몰랐기 때문이다. 그때를 되돌아보면 하나님께서 개입하셨다고 밖에 말할 수 없다. 그 후 14년이 지난 지금, 첫 훈련생 중 두 명이 여전히 누가를 도와 치과에서 함께 일하면서 다른 훈련생들을 가르치는 일을 하고 있으니 말이다. 다른 두 명은 치과대학의 교수가 되었다. 이제는 모두 가족이나 다름없는 사이다.

이후 누가는 매년 네 명의 훈련생을 새로 뽑았다. 훈련을 마친 선배들이 신입생들을 훈련하고 저녁이면 강의를 하게 했다. 13년째 되던 해에 돌아보니 그들이 직접 가르치고 훈련한 치과의사 수가 30명이 되었고, 이들의 강의를 들은 학생 수가 500명에 달했다.

어쩐지 모든 일이 척척 잘 진행되기만 한 것처럼 들렸다. 대런은 마시던 차를 내려놓고 그 큰 재정을 무슨 수로 감당했느냐고 물었다. 누가는 맨 처음에 세운 치과는 돈 없는 사람들을 위한 곳이었다고 했다. 치과 의자 두 대, 치료실 두 개로 이루어진 이 병원에선 모든 환자들이 무료로 진료를 받았다. 누가와 그의 팀은 그 지역에서 가장 가난한 이웃부터 돕기로 했다. 그렇게 몇 해가 지나니 치과 운영비가 세 배로 뛰었고 그새 치과 의자는 네 대로 늘어났다. 외국에서 보내오는 후원금으론 감당할 수 없는 규모가 된 것이다.

그래서 누가는 현지 NGO 소속의 또 다른 치과병원을 열었다. 이번에는 치료비를 낼 수 있는 현지인들을 위한 병원이었다. 그는 환자들에게 질 높은 치료를 제공하고 환자들은 병원이 필요로 하는 비용을 채워 주었다. 또 몇 년이 흐른 후, 이번에는 최고급 서비스를 원하는 환자들을 대상으로 세 번째 병원을 열었다. 그 대상은 높은 수준의 의료 서비스를 받을 수 있다면 기꺼이 치료비를 지불할 용

두 병원에서 낸 수익으로 최초로 지은 병원이
계속 무료 진료를 할 수 있게 돕는 셈이다.
덕분에 병원 스태프들도 필수적인 훈련을 받을 수 있었다.

의가 있는 부유 계층이었다. 수긍이 가는 방식이었다. 수익을 내야 병원 운영이 가능하기 때문이다. 두 곳의 병원에서 낸 수익으로 최초로 지은 병원이 계속 무료 진료를 할 수 있도록 돕는 셈이었다. 덕분에 병원의 스태프들도 필수적인 훈련을 받을 수 있었다.

좋은 방법처럼 들렸지만 이러한 새로운 접근방식에 의문을 갖는 이들도 있었다. 특히 한국에 있는 후원자들이 그랬다. 선교사라면 현지인에게 무조건 공짜로 나눠 주고 그들을 도와야 한다고 생각하는 경향이 있어 가난한 나라 사람들을 대상으로 돈 버는 것을 불편하게 여겼기 때문이다. 하지만 누가는 무상으로 하는 사역과 수익을 내는 사업을 동시에 운영했다. 수입을 올려 운영 경비로 써야 했기 때문이다. 놀랍게도 그런 방식으로 병원을 운영한 지 8년 만에 그들은 90퍼센트의 자립에 성공했다. 그 기간 동안 인플레이션 상승률이 5퍼센트밖에 되지 않았음을 감안하면 주목할 만한 수치다. 현지에서 창출한 수익이 없었다면 불가능했을 일이다.

이야기가 여기까지 오자 우리는 치과를 구경하고 싶어졌다. 그래서 우리는 마거릿의 아파트에 딸린 조그마한 엘리베이터를 타고 내려가 누가의 밴에 올라타고 산이 보이는 방향으로 달리기 시작했다. 시내의 광장을 지나 골목길을 몇 번 지나고 나니 검고 커다란 대문이 나타났다. 진료를 시작한 지 13년이 된 곳인데도 여전히 반짝반짝 빛나 보였다.

안으로 들어서니 불과 하루 전에 마거릿과 함께 방문했던 하수구나 도랑과는 완전히 다른 냄새가 우리를 맞이했다. 누가는 우리에게 선임 치과의사를 소개시켜 주었다. 누가와 함께 일한 지 14년이된 의사인데 내가 본 사람 중에 미소가 가장 예뻤다. 누가는 치과의자와 소독실도 보여 주었다. 건물 바깥에서 본 것보다 더 반짝반짝 빛나는 곳이었다.

사역을 하면서 힘들었던 점에 관해 더 질문하려는 순간 누가의전화벨이 울렸다. 누가는 가 봐야 했다. 보건부 회의도 가야 했고 방문 중인 선교 단기팀도 만나러 가야 했으며 안식년을 떠나기 전에정리할 것들도 있었다. 대런과 나는 마거릿의 아파트로 돌아와 저녁으로 버섯 요리를 만들어 먹었다. 그리고 아침에 먹을 케피어를 사기 위해 함께 산책을 나갔다. 그러면서 우리는 치과의사, 수익, 그리고 가장 우선되어야 할 것이 무엇인지에 대해 대화를 나누었다.

다음 날 아침, 누가는 다시 우리를 찾아왔다. 안식년을 떠나기 이틀 전이었기에 나는 너무 폐를 끼치거나 그의 시간을 뺏지 말아야겠다는 마음이 들었다. 대런이 고맙게도 차를 내왔다. 나는 누가가지난 18년 동안 이룩한 일을 나열해 보았다. 지역 보건사업, 세 군데의 치과병원, 훈련받은 30명의 현지인 치과의사들, 가난한 이들의치료를 가능하게 해준 병원 운영 방식 등.

누가는 미소를 지으며 말했다. "하지만 그 시간은 개인적으로 제게 가장 힘든 시간이었어요."

나는 의아한 얼굴로 찻잔을 내려놓았다. 2010년 그의 팀은 병원 개원 10주년을 기념하는 행사를 열었다. 130명이 참석한 대단히 큰 행사였다. 보건부 인사들과 키르기스스탄의 저명한 교수들, 치의학 관계자들도 포함되었다. 저녁 행사 일정 중 누가가 일어나서 사역이 이렇게 성장하기까지 도움을 준 모든 이들에게 감사를 표했다. 특별히 그들이 키워 낸 훈련생과 병원, 돌본 환자 수를 나열하며 감사의 마음을 전했다. 모두들 고개를 끄덕였다. 하지만 행사 후 모든 정리를 끝내고 물건들을 치운 다음 집에 돌아온 누가는 지나온 10년을 곰곰이 돌아보았다. 그리고 그 10년이 개인적으로 그의 인생에서 가장 힘든 시기였음을 깨달았다.

시련이 닥친 것은 치의학과 학생들을 훈련하기 시작한 2000년부터였다. 그해 훈련 프로그램 준비에 한창이던 그에게 일과성 뇌허혈 발작(줄여서 TIA라고 부르는 일종의 작은 뇌졸중)이 찾아왔다. 일시적으로 몸의 왼쪽을 쓸 수 없게 되었다. 정밀 검사와 치료를 위해 한국에 다녀왔다. 그러고는 회복되는 듯했다. 그런데 2004년, 주차장에 차를 대고 내리던 중 그는 강도의 습격을 받았다. 진창에 넘어져 40분간 정신을 잃었다. 오른눈 주변이 시퍼렇게 멍들고 통통 부어올랐다. 도둑맞은 차와 지갑은 찾지 못했다. 그는 간신히 병원으로 옮겨졌고 회복하는 데 한참이 걸렸다. 다음 해 2005년에는 차 사고를 당했다. 다른 차량이 정면으로 달려오는 바람에 도로가의 배수로로 방향을 틀 수밖에 없었다. 고속으로 달리던 중이었기에 목숨을 건진 것만으로도 놀라운 일이었다. 그 다음 해 2006년에는 가족과 집에서 뜨거운 국수를 먹는 중에 누가의 아홉 살 난 딸 메리가 일시적인 안면마비 증세를 보였다. 모야모야라는 희귀병 때문이었다. 가족들은 즉시 한국으로 갔고, 메리는 그곳에서 두 번의 뇌수술을 받아야 했다. 메리도 무사했다. 마지막으로 2010년에는 키르기스스탄에 큰 정치적 혁명이 두 건이나 일어났다. 혼란한 틈을 노려 일어나는 약탈을 피하기 위해 세 군데의 병원 문을 모두 닫아야 했다.

'누가는 왜 이런 이야기를 처음부터 하지 않았을까?' 나는 의아해서 그의 얼굴을 물끄러미 쳐다보았다. 어쩌면 저렇게 평온할 수 있는지도 궁금했다. 인터서브 파트너들은 원래 다 이런가?

그는 그 10년 동안 자기 자신과 싸우는 데 대부분을 소비했다고 설명했다. 연약함, 두려움, 실패 같은 문제들이었다. 하지만 그는 무엇보다도 이런 일들을 통해 그가 하는 모든 사역이 그의 힘으로 하는 것이 아님을 배웠다고 했다. 그것은 애초부터 하나님의 일이었다. 거기서 끝이 아니었다. 그의 약함은 사람들과의 관계성으로, 그리고 제자양육으로 이어졌다.

나의 궁금증에 발동이 걸렸음은 물론이다. 누가는 자신이 처음 키르기스스탄에 도착했던 때를 들려 주었다. 그의 선교 열정과 마음의 소원은 제자양육에 있었다. 초신자와 새 교인들을 양육하고 예수님의 제자로 만드는 일을 하고 싶었다. 그런데 정작 키르기스스탄에 도착하니 새 신자를 찾을 수 없었고 제자양육을 받고 싶어 하는 사람은 더더욱 없었다. 그가 속한 현지교회에 새 신자를 한두 명 만나기도 했으나 한국에서 만났던 수백 명의 새 신자들에 비하면 턱없이 적은 수였다. 누가는 사역 시간의 대부분을 치과에서 보냈다. 아침 9시부터 저녁 5시 30분까지 병원 직원들과 함께 지냈지만 그들은 신자가 아니었다(그러니 제자가 될 만한 후보도 못 되었다). 시간이 흘러 병원 일이 바빠지자 이제는 혹여 새 신자를 만난다 해도 제자양육할 시간이 없게 되었다.

하지만 절망과 연약함으로 10년을 지나오면서 누가는 조금씩 새로운 방식을 배우게 되었다. 그는 함께 일하는 치과의사들에게 정의와 긍휼이라는 핵심 가치부터 가르치기로 결심했다. 그곳은 현지인들에게 직접 복음을 전하거나 마음 깊은 곳의 신앙을 나눌 수 있는 지역이 아니었다. 그래서 그는 삶을 통해, 그가 내리는 선택을 통해 그리스도인의 모습을 드러내기로 결심했다. 2004년 그는 사회복지 프로그램을 시작했다. 이동식 치과병원을 꾸려 스태프들과 함께 매달 중증 장애아동을 위한 고아원을 방문하기 시작했다.

처음에는 아무도 가고 싶어 하지 않았다. 그곳 사람들은 그러한 장애인 시설에 가는 것을 대단히 꺼렸다. 장애아동을 만지면 부정을 타고 그런 곳에 가는 것만으로도 체면을 잃는다고 생각하기 때문이었다. 그냥 고된 일을 하기 싫은 마음도 있었을 것이다. 일반 병원에선 환자 한 명을 치료하는 데 스태프 두 명이 필요하지만, 장애아동 한 명을 돌보는 데는 스태프가 다섯 명이 필요했다. 개중에는 아예 입을 벌리지 못하는 아이도 있었다. 그런 아이는 당연히 양치를 한 번도 못 해봤을 터였다. 처음에는 아이들의 입 속에서 거대한 돌덩이나 다름없는 치석을 찾아내곤 했다. 그곳 아이들의 입 속을 깨끗하게 만드는 데만 해도 아주 오랜 시간이 걸렸다.

하지만 시간이 지나면서 두 가지 현상이 나타났다. 말도 잘 못할 정도로 중증장애가 있는 아이들도 팀이 고아원에 들어설 때마다 웃는 얼굴을 보여 주기 시작했다. 동행한 병원 스태프들도 그곳 아이들의 미소를 보면서 행복해 하기 시작했다. 전혀 예상치 못한 일이었다. 스태프들은 봉사를 통해 장애아동들보다 오히려 자신이 더 큰 혜택을 본다는 생각을 하며 섬김이 무엇인지 점차 배워 갔다. 최근에는 꽤 성공한 현지인 의사 한 명이 누가의 사역을 보고 도전을 받았다면서 자기 병원에서도 무상 치료 프로그램을 운영해 보고 싶다고 말하기도 했다.

놀라운 열매였다. 나는 누가에게 제자양육에 대해, 그리고 연약함과의 연결고리에 대해 더 듣고 싶었다. 아주 오랜 시간 동안 누가는 자신에게, 그리고 하나님께 질문을 던졌다고 한다. "주님, 언제쯤이면 병원 스태프 중에 그리스도인이 생길까요? 언제 제가 이들에게 제자양육을 시작할 수 있을까요?" 그리고 수년이 흘렀다.

그는 집에서 성경을 읽다가 요한복음 21장에서 예수님께서 베드로에게 주신 마지막 말씀을 다시 읽게 되었다. "네 양을 먹이라." 누가는 바로 그 일이 자신이 오래도록 염원했던 것임을 깨달았다. 그는 스태프들에게 주님의 말씀을 먹이고 싶었지만, 스태프들은 신자가 아니었기에 그 일을 하지 못하고 있었다.

같은 날 아침 이번에는 요한복음 10장 16절을 읽다가 새로운 사실을 발견했다. 예수님께서 유대인들에게 선한 목자에 대해 이야기하면서 선한 목자는 양을 위해 목숨을 내놓는다고 말씀하셨다. 그리고 이렇게 덧붙이셨다. "내게는 이 우리에 들지 않은 다른 양들이 있다. 나는 그 양들도 인도해야 한다. 그들도 내 음성을 듣고 한 무리를 이루어 한 목자를 따르게 될 것이다."

그날 아침의 깨달음은 놀라운 것이었다. 스태프들이 아직은 신자가 아니어도 어쩌면 예수님의 양일 수 있다. 지금은 우리 바깥에 머물고 있더라도 말이다. 그리고 예수님은 그들을 돌보신다. 그들을 우리 안으로 데려오고 싶어 하신다. 그렇다면 이들을 먹이라는 말씀은 주님이 누가에게 명하신 말씀인 것이다. 그렇지만 이들을 어떻게 먹일 것인가? 불신자들에게 주님의 말씀을 먹이는 것이 가능할까?

분명 가능하리라는 믿음이 생긴 누가는 다른 방식으로 현지인들에게 접근해 보기로 했다. 병원에선 매주 월요일 아침마다 한 시간씩 스태프 회의를 했다. 이전에는 그가 주로 이야기를 하는 입장이었다. 환자, 병원 설비, 서비스의 품질 관리 등에 관한 내용이었다. 누가는 그 회의 시간을 다르게, 즉 스태프들에게 주님의 말씀을 먹이는 시간으로 활용해 보기로 했다. 출처가 성경인 것을 굳이 밝힐 필요는 없었다.

매주 이 시간을 위해 누가는 열심히 준비했다. 스태프들이 공감할 만한 주제를 찾거나 그들 사이에서 일어나는 갈등, 공동체 내의 필요, 혹은 새해 인사, 아니면 그 주에 일어났던 일들을 성경에 담긴 진리를 바탕으로 풀어서 이야기했다. 설교 준비와 같은 방식이었다. 성경 본문을 정하고 그 안에 담긴 말씀을 해석하고(용서, 관용, 자비, 은혜가 주된 주제였다) 이를 실생활에서 찾을 수 있는 예화에 접목시켜 성도들의 이해를 돕는다는 점에서 그랬다. 하지만 이러한 이야기가 무엇을 바탕으로 하고 있는지는 밝히지 않았다. 성경이나 예수님을 직접 언급하지도 않았다. 그랬다간 직원들이 대번에 그의 동기에 의구심을 갖고 불만을 품었을 것이다.

스태프들은 의구심을 갖지도 불만을 품지도 않았다. 대신 누가에게 고맙다고 말했다. 그들은 지혜를 가르쳐 주어 고맙다며 매주 월요일 회의가 기다려진다고 말했다. 그들은 점점 더 진리에 관심을 보였다. 급기야 누가에게 자기가 겪고 있는 어려움을 위해 기도해 달라고 부탁하기까지 했다. 그는 그들을 위해 기도해 주었다.

이야기를 마친 누가의 얼굴에 미소가 가득했다. 우리는 키르기스스탄에서 보낸 지난 18년 동안 가장 깊이 깨달은 점이 있다면 무엇이냐고 물었다.

"하나님께서 그분의 양을 사랑하신다는 사실입니다." 그는 천천히 대답했다. "하나님은 양들을 먹이십니다. 우리 밖에 있는 양들도요. 그 임무를 우리에게 맡기십니다. 그보다 중요한 건 제가 약한 존재라는 사실입니다. 지난 10년간 스태프들은 병원에 입원해서 거동도 못하는 제 모습을 보았습니다. 두려움과 실패에 잠긴 모습도 보았죠. 저는 강한 사람이 아닙니다. 그런데도 그들은 제 이야기에 귀를 열고 제게 자신의 약함을 나누어 주었습니다. 어쩌면 그게 이유일 수도 있겠군요. 저는 하나님께서 약함을 들어 쓰시는 순간을 봐 왔습니다. 강함보다 약함을 더 많이 선택하신다는 것도요. 지난 10년간 지켜봐서 그런지 병원 스태프들은 저를 친구로 생각해 줍니다. 제 이야기를 들어 주고요. 그건 아마도 그들이 저의 약함을 알기 때문일 것입니다."

나는 누가를 향해 미소지으며 말했다. "고맙습니다." 그건 나의 진심이었다. 우리 세 사람은 함께 기도한 후 악수를 나누었다. 다음 날 누가는 한국으로 떠났다. 그가 비행기에 오른 시간에 나는 수첩에 적은 내용을 다시 읽으며 하나님의 양과 그분의 긍휼하심, 그리고 우리의 약함과 하나님께서 그분의 측량할 수 없이 큰 힘을 드러내 보이시는 방식에 대해 생각하고 또 생각했다.

오직 하나님께서 자라나게 하셨나니.

고린도전서 3:6

씨앗

일레인의 이야기

비슈케크의 일정을 마친 대런과 나는 또다시 비행기를 타고 어디론 가 이동 중이었다. 이번에는 중국 고산지대의 상공이다. 우리는 목을 길게 빼고 비행기의 조그마한 창문 너머로 보이는 높은 산맥과 큰 도시들을 사진 찍었다. 저 아래로 풍력 발전용 터빈이 보였다. 마침 내 우리는 칭하이 성의 한 도시에 착륙했다.

"당신, 일레인 얼굴을 알아요?" 머리 위 선반에서 가방을 내리며 대런이 내게 물었다.

"아뇨, 몰라요." 나는 대런보다 앞서서 통로를 빠져나가며 대답했 다. "네팔과 중국에서 39년이나 사역했다니 아무래도 기운이 대단 한 분 아니겠어요?"

대런이 소리 내어 웃었다. 10분 후 우리는 시닝공항을 빠져나왔다. 주차장에서 작은 키에 머리가 허연 여인이 손 흔들며 우리를 향해 걸어오는 것이 보였다. 우리는 마주보며 미소를 지었다. 일레인은 역시나 범상치 않은 사람 같았다. 결단력이나 목적의식, 삶과 사람에 대한 사랑 같은 것이 그랬다. 39년 동안 혁명과 폭동, 사스의 창궐을 견뎌 온 사람에게서만 볼 수 있는 모습일는지도 모른다.

지프를 타고 한 시간 가량을 달렸다. 고층 빌딩과 번쩍이는 네온 사인, 차들이 바삐 달리는 고속도로가 뻗은 거대한 현대 도시를 가로질렀다. 마침내 도심 동쪽에 있는 일레인의 아파트에 도착했다. 4층에 위치한 그의 집 부엌에 앉아 우리는 오트밀과 요거트를 먹었다. 일레인은 가장 먼저 냉장고 변명부터 했다. "지금까지 냉장고를 가져 본 적이 없어서요." 일레인은 티벳 카펫을 가리켰다. "카펫도 그렇고요." 우리는 미소를 지었다. 아파트에 있는 냉장고와 카펫은 그녀의 것도 아니었다. 일레인은 미국 방문 중인 다른 가족을 대신해 6개월간 그 집을 지켜 주는 중이었다.

"그러니까 네팔에 처음 가신 게 1972년이라고요?"

"네, 맞아요. 제가 스물세 살 때였죠. 1990년 네팔을 떠날 때까지 18년 동안 시골 학교에서 과학과 수학을 가르쳤어요. 네팔의 첫 민주화 투쟁이 일어난 직후였죠." 일레인이 대답했다.

대런과 내가 네팔로 들어간 것이 1993년이었기에 우리는 서로 함께 아는 네팔인 친구들과 외국인 친구들에 대한 소식을 주고받았다. 창밖으로 내다보이는 시닝 시는 고층 빌딩이 가득했고 건설이 한창이었다. 그 광경을 보고 있자니 네팔과 거리감이 느껴졌다.

"그때만 해도 이렇게 중국에서 살게 되리라곤 상상도 못 하셨겠죠?" 내가 물었다.

일레인은 고개를 저었다. "난 네팔을 사랑했어요. 그곳에서 보낸 삶은 즐거웠죠. 정말 떠나고 싶지 않더군요. 사실은 여생을 네팔에서 보내게 될 줄 알았거든요. 중국으로 사역지를 옮길 생각은 해본 적도 없어요."

인터서브 선교사라는 주제와 더불어 바로 이 점을 이 책의 또 다른 주제로 삼아야겠다고 그 순간 결심했다. 인터서브 선교사들이 지금 하고 있는 사역들을 살펴보면 대부분 그들이 계획했던 일이 아니었다. 지금 그들이 살아가는 모습이나 살며 섬기는 장소 역시 마찬가지다.

일레인은 1989년, 네팔의 서쪽 끄트머리에 위치한 줌라라는 외딴 마을에서 살고 있었다. 주어진 사역은 단기로 가르치는 일이었고 네팔인 가족들과 함께 살아야 했다. 그렇기에 그녀는 그 마을의 식당에서 식사하는 일이 잦았다. 마침 그 집은 티벳 음식점이었다. 단층으로 지은 나무 구조물인데 집 안에서 불을 때느라 실내가 온통 시커멓게 그을려 있었다. 천장에 붙은 거미줄마저 까맣더란다.

시간이 지나면서 일레인은 그 식당을 운영하는 가족들과 교제할 수 있었다. 부부가 운영하는 식당이었는데, 그들은 노부모와 장성한 딸 셋과 함께 살고 있었다. 일레인은 네팔어를 쓰면서 그들과 함께 티벳 차를 홀짝이거나 야크 고기에 달밧을 곁들여 먹곤 했다. 그들이 주거니 받거니 한 대화는 거의 비교 종교학 수업이라 해도 무방했다. 일레인은 그들에게 티벳 불교에 관해 묻고, 그들은 그녀에게 기독교에 관해 물었다. 힌두교나 이슬람교에 관해 묻는 일도 있었다. 언제나 많은 대화와 질문이 오고갔고 며칠에 걸쳐 대화가 이어진 적도 있었다.

무엇보다 티벳 친구들이 종교 활동과 공덕 쌓는 일에 아주 열심을 낸다는 사실이 일레인의 관심을 끌었다. 티벳 가정에서 아버지는 찻집 구석에 앉아 하루 종일 염주를 돌리는 게 일이고, 어머니는 만트라를 읊었다. 부부가 모두 정기적으로 사리탑이나 절을 찾아가 향을 피우고 기도바퀴를 돌리거나 절을 했다. 좋은 업보를 쌓아 내세엔 더 나은 삶을 살게 되길 소망하는 마음에서였다. 그 중심에는 깊은 두려움이 있었다.

시간이 흐를수록 그들의 모습을 지켜보는 일레인은 마음속에 안타까움이 커졌고 눈물이 흐르기 시작했다. 일레인은 대화를 통해 예수 안에서만 찾을 수 있는 은혜와 자유에 대해 들려 주려고 시도해 보았다. 하지만 전혀 먹히지 않았다. 이 티벳인 부부와 장시간 대화를 하고 나면 그들은 이렇게 말했다. "그리스도인들은 좋겠어요. 아무것도 하지 않고 가만히 있어도 된다니 참 좋은 일입니다. 우리

부부가 정기적으로 사리탑이나 사원을 찾아가
향을 피우고 기도바퀴를 돌리거나 절을 했다.
좋은 업보를 쌓아 내세엔 더 나은 삶을 살기를 소망하는
마음에서였다. 그 중심에는 깊은 두려움이 있었다.

도 그런 자유가 있으면 좋으련만 우리 티벳인은 불교를 버릴 수 없어요."

항상 같은 대답을 들을 때마다 일레인은 슬퍼졌다. 교제는 잘한 것 같아도 그들이 결국 은혜의 본질을 전혀 이해하지 못하고 있음을 확인할 뿐이었다. 일레인은 혹시 언어의 장벽 때문일까 하는 생각도 해보았다. 그곳에 산 지 17년이나 되었으니 네팔어 구사 능력은 문제가 없었다. 그렇다고 그 가족이 일레인이 한 이야기를 못 알아듣는 것도 아니었다. 하지만 그들의 마음 깊은 곳을 건드릴 수는 없었다. 그들의 모국어는 티벳어였고, 일레인은 티벳어를 할 줄 몰랐기 때문이다. 사실 일레인의 네팔어 실력은 수준급이었다. 지난 17년간 네팔인에게 복음을 전할 때는 이런 반응을 본 적이 없었다. 네팔인 중 많은 이들이 예수님을 영접하고 성령이 그들의 삶 가운데서 일하시는 신앙인으로 살고 있다. 하지만 티벳인들은 달랐다.

일레인은 어느 날 줌라의 찻집에 앉아 결심했다. 티벳어를 배우겠노라고. 막상 티벳어를 배우자니 만만한 일이 아니었다. 티벳어는 세상에서 가장 어려운 언어 중 하나라고 한다. 티벳어에는 성조가 있는데다가 문어체와 구어체의 차이가 크다. 그뿐 아니라 주요 방언이 세 가지나 된다. 중부 티벳인이 쓰는 라사 방언, 암도 방언, 캄 방언이 그것이다. 이 세 방언은 서로 의사소통이 불가능한 수준이기에 언어를 공부하는 이들이 애를 먹는다.

그래도 일레인은 그런 결심을 품은 채 줌라에서 네팔의 동쪽 끄트머리로, 그리고 다시 카트만두로 이사했다. 카트만두에선 일부러 티벳인 가족과 살면서 티벳어를 배우기 시작했다. 그 가족과 교제를 할 수 있었다는 점에선 괜찮은 시도였지만 티벳어는 별로 진전이 없었다. 그나마 아는 티벳어로 대화를 시작하다가 대화가 어느 정도 깊이 들어가면 결국 모두에게 편한 네팔어로 언어가 바뀌었다.

나는 저절로 고개가 끄덕여졌다. 내 경우엔 네팔어만으로도 충분히 힘들었는데 성조도 모자라 문어체, 구어체의 차이가 큰, 전혀 새로운 언어까지 배워야 하는 심정이 오죽했으랴. 자꾸만 네팔어로 돌아가는 건 지극히 당연한 현상이다. 아예 네팔어에만 주저앉았다 해도 충분히 이해되는 일이었다. 하지만 일레인의 이야기는 카트만두에서 끝나지 않는다. 일레인은 같이 사는 티벳인 가족을 통해 중국에 티벳어를 배우는 과정이 있음을 알게 되었다. 그 소식을 접한 그녀는 이런 생각을 하며 신이 났다고 한다. '그래 그거야, 난 중국어를 못하잖아!'

일레인은 소리 내어 웃었고 나도 따라 웃었다. 중국어를 못하기 때문에 중국에 가는 것이 신난다니, 살면서 그런 사람은 처음이었다. 중국어를 못하기 때문에 티벳어를 중국에서 배우면 오로지 티벳어밖에 쓸 수 없으리라는 것이 그녀의 설명이었다. 아예 중국어를 모르는 게 유리하다는 것이다. 그렇다고 그녀가 네팔을 떠나고 싶었던 건 아니다. 단지 티벳어를 배우고 싶었을 뿐이다. 그녀는 2년간 학업 휴가를 얻어 중국에서 티벳어를 공부한 다음 네팔로 돌아와 티벳인들과 티벳어로 소통할 셈이었다. 적어도 계획은 그랬다.

좋은 계획이었다. 일레인에겐 다행이라고 해야 할지 당시에는 2년이 21년이 될 줄은 꿈에도 몰랐다. 오히려 잘된 일이었는지도 모른다. 하지만 일레인은 네팔을 떠나기 직전에 기도 모임에서 티벳을 위해 기도했다고 한다. 특히 추수에 동참하는 일꾼들을 위한 기도였다. 누군가 이러한 부르심에 응답하기를 소망하며 열심히 기도했다고 한다. 티벳은 폐쇄적인 국가였고 티벳의 불교 신자들은 세계에서 가장 복음을 전해 듣지 못한 군에 속하기에 티벳을 향한 부르심을 받을 이들이 분명 있으리라고 생각했다. 그런데 기도 중에 일레인은 이런 생각이 들었다. '부르심이 없다면 어떻게 내가 이런 기도를 할 수 있지? 어쩌면 이 기도의 응답이 내가 아닐까?' 마치 하나님께서 이렇게 말씀하시는 것 같았다. "일레인, 정말로 나를 사랑하느냐, 아니면 그냥 네팔에서 사는 것이 좋은 거냐?" 기도 모임이 끝날 즈음 일레인은 어느새 "주님이 원하신다면 제가 기꺼이 가겠습니다"라고 기도하는 자신을 발견했다.

1990년 일레인은 청두공항을 통해 처음으로 중국 땅을 밟았다. 착륙할 때 기체가 기울어져 비행기의 오른쪽 날개가 활주로 옆의 잔디밭을 긁기도 했다. 조종사가 브레이크를 어찌나 늦게 밟았는지 비행기는 엄청난 굉음을 내며 활주로를 내달렸다. 시속 600킬로미터 이상으로 달리는 기분이었다고 한다. 비행기에서 내려서 보니 조종석이 계류장을 넘어 잔디밭 위로 튀어나와 있었다.

　그렇게 도착부터 심상치 않았다. 일레인은 남서소수민족학원의 숙소로 이동했다. 나무로 지은 기숙사는 쥐가 득시글거렸고 화재 위험 때문에 취사가 금지된 곳이었다. 한번은 징장호텔로 우표를 사러 갔다. 호텔 옥상의 식당에서 도시를 내려다보니 갖가지 색깔의 연기를 뿜어 내는 공장 굴뚝들이 보였다. 흰색, 회색, 노란색, 검은색, 갈색, 심지어 분홍색까지. 그중에서 분홍색 연기가 가장 염려스러웠다. 첫 다섯 달 동안 햇빛을 쬔 날을 세어 보니 닷새밖에 되지 않았다. 이를 일기에 빼놓지 않고 기록했다. 이후로 2년 동안 그녀는 라사 티벳어에 파묻혀 열심히 공부했다.

　일레인이 라사 티벳어 교재를 꺼내어 내게 보여 주었다. 전율이 느껴졌다. 첫 장에는 자모 글자가 나열되어 있었다. 네팔 글자와 비슷한 것이 셋이나 있기에 볼 만은 했다. 하지만 다음 장부터 단음절 단어가 나오고 그녀는 내게 접두사, 접미사, 모음 표기부호 외에도 어근에 붙는 부가접사 등을 설명하기 시작했다. 나는 금세 얼떨떨해지고 말았다.

　라사 티벳어는 격식을 갖춘 교양 언어이고 대부분 이 방언을 공부하기에 일레인도 라사 티벳어로 시작했다. 하지만 진짜 어려운 언어였다. 라사 티벳어의 문자는 표음문자가 아니고 단어 처음과 끝에 묵음이 붙은데다가 성조가 일곱 개나 되었다. 뿐만 아니라 영어로는 설명이 안 되는 자음군이 존재했다. 일레인은 같은 반에서 공부한 국제 SIL 단체 소속 학생 두 명이 아니었다면 자기는 분명히 과정을 통과하지 못했을 것이라고 말했다. 어느 날은 수업을 들으러 가는데 자신도 모르게 속으로 이 찬양을 흥얼거리고 있더란다. "전신갑주 입고 그 땅에 가리라. 전쟁이 주께 속했네." 매일 티벳어 수업에 가는 것이 항상 전쟁터에 나가는 기분이었다.

일레인은 2년간의 라사 티벳어 과정을 잘 견뎌 냈다. 1992년 초 그녀는 안식년으로 미국에 돌아갈 준비를 했다. 안식년을 마친 후에는 네팔로 돌아가 티벳 망명자들을 위한 사역을 시작할 계획이었다. 안식년을 준비하는 과정의 일환으로 팀 리더와 함께한 기간을 마무리하는 인터뷰를 해야 했다. 팀 리더는 일레인과 함께 지난 2년간 그녀가 받은 언어 훈련의 시간을 되돌아 보고 안식년 이후의 계획에 대해 물었다. 일레인은 네팔로 돌아가 티벳 망명자들과 함께 일할 계획이라고 말하면서 우스갯소리로 덧붙였다. "혹시 모르죠. 티벳대학교에서 일자리를 내준다면 티벳으로 갈지도요. 와서 일하라고 하면 물론 가야죠." 일레인은 웃으며 말했다. 당시 티벳대학교는 그녀의 존재조차 모르고 있었다. 그들이 그녀를 라사의 대학 교수로 초청할 리는 더더욱 없었다. 일레인이 라사에 가본 것은 딱 한 번, 언어 훈련 중 견학 코스로 다녀온 것뿐이었다. 당시 티벳대학교에 머물긴 했지만 그곳과의 인연은 그게 전부였다.

1992년 8월, 일레인은 안식년을 맞아 미국으로 돌아갔다. 네팔로는 1993년 2월에 복귀할 계획이었다. 1992년 11월, 같은 팀 리더에게 연락이 왔다. 티벳대학교에 자리가 났는데 혹시 관심이 있느냐고 물었다. 그녀는 얼어붙는 것 같았다. 언제부터 시작하는 자리인지 물었다. 그녀가 세운 복귀 계획과 맞지 않기를 은근히 바라는 마음에서였다. 팀 리더는 1993년 2월부터라고 말했다.

그리하여 1993년 2월, 일레인은 라사로 들어가 티벳대학교에서 영어를 가르쳤다. 일레인의 교원 자격이 과학과 수학 과목인 것을 생각하면 그 자체만으로도 기적이었다. 이전에는 네팔 시골마을에서 항상 과학과 수학을 가르쳤다. 다행히 미국에서 안식년을 보내는 사이 TESOL(영어가 모국어가 아닌 사람에게 영어를 가르치 교수법) 과정을 이수해 둔 것이 있었다. 당시에 일레인도 자신이 왜 그 공부를 하는지 이해가 안 됐지만 지나고 보니 하나님께서 그분의 계획에 따라 그녀를 준비시키셨음을 깨달았다.

일레인은 처음부터 티벳대학교가 마음에 들었다. 사람들을 만날 수 있다는 점에서 그랬다. 일레인의 학생은 티벳인이 대부분이었다. 그중에는 인민해방군 부대원도 있었다. 국경수비대가 되려면 영어를 할 줄 알아야 하기 때문이다. 일레인은 학생들과는 항상 영어만 쓰되 그 외 모든 사람들과는 라사 티벳어만 쓰겠다는 규칙을 세웠다. 외향적인 기질 덕분에 LAMP(실용적인 언어 습득) 방식이 잘 맞았다. 일레인은 날마다 시내의 바코르 길을 걸으며 만나는 모든 사람들에게 말을 걸었다. 바코르는 라사 중심부의 조캉사원을 둘러싸고 있는 조약돌 길이다. 사람들은 보통 시계방향으로 돌며 걸었지만 일레인은 더 많은 사람과 마주치고자 일부러 반대 방향으로 걸었다. 하지만 티벳인을 알기까지 아주 오랜 시간이 걸렸고 일레인에게는 쉽지 않은 일이었다. 일레인 말에 따르면 티벳인들이 겉으론 행복하고 평화로워 보여도 내면에 감춰 둔 많은 것들을 수년간 교제해도 꺼내지 않는다고 한다. 일레인도 한 소녀와 친구가 되어 정기적으로 만났지만, 소녀가 폭력적이고 역기능적인 가정에서 고통당하고 있는 걸 알기까지 2년이 걸렸다고 한다. 일레인은 웃으며 덧붙였다. "네팔 사람들은 안 그렇잖아요. 만나자마자 전부 다 말해 줄 걸요!'

나도 일레인과 함께 웃었다. 네팔에 살던 시절, 옥수수 옆에 자란 잡초를 자르며 자기 가족들의 아주 은밀한 부분까지 다 숨김 없이 들려 주던 이웃들이 생각나서였다. 반면에 티벳인들은 체면을 대단히 중요하게 생각해 가족의 비밀을 누설하는 일이 없다고 한다. 그것은 어쩌면 업(카르마)과 관련있을지도 모른다. 뭔가 나쁜 일이 생기면 전생에 지은 죄 때문이라는 것이다. 그래서 누군가에게 시련이 닥치면 그 사람이 그럴 일을 당할 만하기 때문이라고 생각한다. 그 말인즉슨 자신이 당한 고난을 다른 이들에게 말할 필요도 없고, 말한다고 해도 도움을 받지 못할 가능성이 크다는 뜻이다. 그렇기에 티벳인은 어려움에 처한 사람을 일부러 도와주지 않기도 한다. 그가 받아야 할 고난을 연장시킬 수도 있다는 생각에서다. 참 복잡한 문제다. 예를 들어 누군가 다리를 못 쓰게 되었다면 그의 어려운 처지를 안쓰러워할 수는 있어도 그렇다고 선뜻 나서서 도와주지는 않는다. 그가 처한 업보를 방해하면 안 되기 때문이다.

이 문제를 생각하면 생각할수록 일레인은 예수님의 긍휼히 여기심을 떠올리지 않을 수 없었다. 예수님은 긍휼을 몸소 살아내신 분이다. 불쌍히 여기는 데서 그치지 않고 배고픈 자를 먹이고 저는 자를 고치며 눈먼 자를 보게 하셨다. 어쩌면 티벳인들에게 필요한 가장 큰 증거는 그리스도인들이 가난한 자들에게 베푸는 사랑이 무엇인지 몸소 실천하며 보여 주는 것이 아닐까?

티벳대학교에서 일레인은 계속 영어를 가르쳤고 티벳어를 배웠다. 일레인은 이 생활을 즐겼다. 성탄절과 부활절이 돌아오면 학생들에게 문화적 요소를 통해 그 의미를 가르쳤다. 서양 명절에 대해 배우는 것이 교과과정의 일부였기에 그렇게 해도 아무 문제가 없었다. 어느 해에는 유학생들이 성탄 연극을 선보이기도 했다. 일레인은 학생들에게 성탄곡인 "기쁘다 구주 오셨네"를 가르쳤다. 성탄곡에 담긴 모든 단어와 그 의미에 대해 가르쳤고 학생들은 신나게 배웠다. 넉 달 후 부활절이 되자 학생들은 부활절 노래를 배우고 싶어 했다. 이번에는 릭 파운즈 Rick Founds 의 복음성가 "주의 이름 높이며"를 가르쳐 주었다.

학생들의 반응이 아주 좋았다. 일레인은 노래에 나오는 모든 단어들을 가르쳐 주었고 학생들의 노래 실력은 훌륭했다. 학생들이 그노래를 얼마나 힘차게 합창했던지 일레인은 어떤 힘에 의해 온몸이칠판 쪽으로 밀리는 기분이 들 정도였다. 그 순간 일레인은 언젠가 티벳에 세워질 교회들의 미래를 보는 것 같았다. 그래서 학생들이 노래 가사의 의미를 바로 알고 부르도록 가르치는 데 신경을 썼다. 특히 중간 구절이 그랬다. "나를 구하러 오신 주를 기뻐하나이다." 학생들이 뜻도 모르고 무작정 부르게 하고 싶지 않았다. 그래서 그리스도인들이 그 노래를 부를 때는 그 의미를 이해하면서 부른다고 설명해 주었다. 예수님께서 우리를 구하러 이 땅에 오셨고, 그래서 우리가 기뻐하는 것이라고 말이다. 우리 삶 가운데 예수님이 없다면 기쁨의 노래를 부르기 어렵다고도 알려 주었다. 학생들이 그 노래의 의미를 완전히 이해하려면 예수님을 그들의 삶 속으로 초대해야 한다는 설명도 덧붙였다. 언젠가 학생들이 가사의 의미를 공감하면서 그 노래를 부를 날이 오길 바란다고도 말했다.

당시 큰 관심을 보이는 학생들이 있었다. 몸을 앞으로 쭉 빼고 질문을 하기도 했다. 전부 그런 것은 아니었다. 멍한 얼굴로 딴전을 피우는 학생들도 있었다. 일레인 눈에는 영적인 문제로 보였다. 그래서 성탄절에는 영어 비교급을 가르친다는 빌미로 천사의 일곱 번 방문에 대해 가르치기로 했다. 영어의 "more interesting, most interesting, more important, and most important"를 예로 사용했다. 먼저 사가랴에게 나타난 천사부터 시작했다. 그런 다음 마리아, 요셉의 순서로 나갔다. 학생들은 주어진 본문을 읽고 칠판에 커다란 표를 만들어 천사가 누구에게 어떤 메시지를 전달했는지, 방문의 결과가 무엇인지 적었다. 수업을 마무리하며 일레인은 "가장 흥미로운"most

^{interesting} 부분이 무엇이었느냐고 물었다. 곧바로 한 티벳 학생이 일어나 대답했다. "신이 산비탈에서 밤새도록 야크를 지키는 평범한 목동에게 메시지를 보냈다는 점이 가장 흥미롭습니다."

일레인은 깜짝 놀랐다. 학생들이 성경 이야기를 바로 상황화해서 이해했기 때문이다. 일레인이 군이 설명해 줄 필요도 없었다. 그녀는 "가장 중요한"^{most important} 부분은 무엇이냐고 물었다. 이번에는 다른 티벳 학생이 일어나 말했다. "신이 우리를 죄에서 구원하기 위해 그의 아들을 이 세상에 보냈다는 점입니다." 기절초풍할 노릇이었다. 그 부분은 일레인이 설명하지도 않았다. 당시는 성탄절 기간이었지 부활절이 아니었다. 이를 통해 일레인은 하나님께서 항상 일하고 계시다는 점, 심지어 라사의 티벳대학교 영어 수업 시간에도 일하고 계시다는 점을 다시 한번 깨달을 수 있었다.

그 당시 일레인이 라사에서 알고 있는 티벳 그리스도인은 단 두 명뿐이었다. 둘 다 여자였는데 한 명은 나이가 많고 한 명은 그보다 적었다. 이 사실은 비밀이었다. 일레인 외에도 그리스도인 외국인이 다섯 명 더 있었다. 모두 그 대학이나 다른 기관에서 가르치는 이들이었다. 외국인이 현지 그리스도인과 개인적으로 교제하는 것은 허용되었지만 그룹으로 만나는 것은 허용되지 않아 다같이 모일 수는 없었다. 현지 그리스도인의 보호 차원에서였다. 다른 현지인들에게 그들이 그리스도인임이 발각되는 날에는 감옥에 가거나 적어도 구타를 당할 수 있었다.

일레인은 개인적으로 풍성한 교제를 가졌지만 종종 네팔에서 사역했을 때와 비교되어 괴로웠다. 네팔에서 교회가 폭발적으로 성장하는 것을 보았기에 지금 티벳 생활은 그때에 비하면 힘없는 불씨에 불과했다. 언제쯤 하나님께서 역사하실까? 어떻게 일하시려나? 그러는 사이 일레인은 학교 안팎에서 수많은 학생과 만나 대화를 나누었다. 그러나 그리스도인이 되고자 나서는 사람은 한 명도 없었다. 누가 관심이 있는지 없는지조차 파악할 수 없을 때가 많았다. 아주 힘든 시기였다.

그러던 중 1996년, 대학의 외무부서 담당자가 일레인을 찾아와 미국과 중국 간의 정치적 긴장이 고조되고 있으니 다음 해에는 교수직 재계약을 신청하지 말라고 조언했다. 만약 지원했다가 거절당하면 그녀의 경력에 흠집이 날 것이었다. 학교 담당자는 학교가 일레인을 좋아하고 계속 학교에 남아 가르쳐 주기를 원하지만, 일단 정치적 긴장이 완화될 때까지 다른 곳에 가 있다가 나중에 돌아와 주면 좋겠다고 말했다. 일레인은 그들의 조언을 따랐다. 떠나는 것은 대단히 슬픈 일이었다. 이제야 학생들을 알아가기 시작했는데 말이다. 표면적인 관계를 지나 마음 깊이 들어가기까지 수년이 걸렸다. 당시 일레인은 자전거를 타고 울면서 시내 곳곳을 다녔다고 한다. 그녀는 그들이 일러 준 대로 잠깐 다른 곳에서 가르치다가 1년 뒤에 다시 돌아오리라 생각하며 1996년에 라사를 떠났다.

나는 그 말을 들으며 일레인이 네팔을 떠나던 모습과 크게 다르지 않다는 생각이 들었다. 일레인도 웃으며 동의했다. "맞아요. 어쩌면 하나님께서 떠나기 힘들어하는 저를 아시고 제가 떠날 때마다 곧 돌아올 것이라고 믿고 떠나게 하시는지도 모르겠어요. 그런데 매번 돌아가지 못했어요."

이듬해 미국과 중국 간의 긴장은 계속 이어졌다. 정찰기가 추락하고 베오그라드 주재 중국 대사관이 폭격을 당했다. 이후 6년간 일레인은 라사로 돌아갈 수 없었다. 그 사이 일레인은 세 군데의 티벳 기관에서 일했다. 모두 서로 다른 중국의 세 도시에 위치한 곳이었다. 그곳에서 일레인은 티벳 학생들과 중국 학생들에게 영어를 가르쳤다. 일레인은 가르치는 일을 즐겼기에 나쁘지 않았다. 하지만 마음 한구석에는 언젠가 라사로 돌아가 티벳대학교에서 다시 가르치게 되리라는 생각이 있었다.

그런데 여기에는 새로운 난관이 있었다. 그 세 도시에 사는 티벳인들이 쓰는 언어는 라사가 아닌 암도 방언이었다. 두 언어의 연관성은 겨우 8퍼센트에 불과했다. 이제 또 새로운 언어를 배울 처지에 놓이게 된 것이다. 당시 그녀의 나이는 오십이었고, 그런 대도시에서 살다보면 새 언어를 연습하기보단 영어나 그나마 배운 중국어로 지내게 되기 십상이다. 새 언어를 배우기에 적당한 조건이 아니었다.

쉰 살에 그것도 중국에서 성조가 완전히 다른 언어를 처음부터 다시 배워야 한다니 나는 생각만 해도 피곤이 몰려오는 것 같았다.

하지만 그때 일레인은 새로운 프로젝트에 관한 소식을 들었다. 완벽한 하나님의 시간표였다. 교사와 농업학자들로 꾸려진 팀이 퉁런에 온다는 소식이었다. 퉁런은 황해 지류에서 네 시간 가량 떨어진 곳에 위치한 작은 도시다. 일레인에게 더없이 좋은 기회였다. 작은 도시에서는 암도 방언을 배우기가 더 수월할 것이며, 새로 온 팀도 도와줄 수 있으리라. 정말 그랬다. 그곳에는 티벳인을 위한 고등학교가 두 군데 있었고, 일레인은 그 두 곳에서 다른 교사들을 보조하는 차원에서 영어를 가르쳤다.

얼마 후 팀은 중국 한족과 암도 티벳인, 후이족 무슬림 간에 분리 갈등이 있다는 사실을 알게 되었다. 폭동이 일어나고 종족 간에 갈등도 이어졌다. 그래서 그 팀은 종족 간 화해 목적으로 어린이와 어른 모두를 위한 도서관 및 훈련센터를 운영하기 시작했다. 후이족 어린이, 암도 티벳 어린이, 한족 어린이 모두를 초대했다. 모든 어린이들이 다 함께 게임과 퍼즐을 하고 영화도 보고 프로젝트를 수행했다. 서로 다른 종족의 아이들이 만나서 사귀고 친구가 되는 최초의 기회였다. 그래서 팀은 미술대회도 열고 각자의 언어로 캘리그래피와 시를 쓰기도 했다. 성공적이었다. 부모들도 센터를 찾아와 책을 빌리고 영화도 보고 신문과 잡지를 읽기도 했다. 팀원들은 이것이 모두 하나님께서 하시는 일임을 처음부터 알 수 있었다. 하나님은 모든 방면의 필요를 채우셨다. 관계당국의 허가를 받기 위해 협상하고 필요한 자원을 얻어 내는 일에 시간이 많이 걸렸지만, 하나님의 섭리로 센터는 7년간 많은 열매를 맺으며 민족 간의 우정과 창의력 개발을 위한 장소로 쓰임 받았다.

그러나 퉁런에서 사역한 지 7년 만에 중국 내 소수민족과 관련된 정치적 문제가 발생하면서 팀은 떠나라는 통보를 받았다. 팀이나 그 곳의 상황을 생각하면 그래야 마땅했지만, 또다시 정든 곳을 떠난 다는 것은 일레인에게 매우 힘든 일이었다. 이미 퉁런에 잘 정착해서 살고 있었고 예수님에 대해 관심을 갖는 지역 주민도 생겨난 상황이었다.

그중 한 여성은 암도 방언으로 만들어진 〈예수〉 영화 DVD를 가지고 있었다. 그 티벳 여인은 그걸 혼자 본 후 다음 날 팀을 찾아와 이렇게 말했다. "저같은 평범한 암도 여자의 마음속에도 예수님이 사실 수 있나요?" 팀은 예수님을 주님이자 구세주로 받아들이는 것이 어떤 의미인지 설명해 주었다. 그녀는 영화를 보기 전까진 자신의 마음이 더럽고 머리는 혼란스럽게만 느껴졌는데, 영화를 보고 예수님을 마음에 초청하고 나선 마음도 머리도 깨끗해진 기분이라고 했다. 예수님을 자신의 인생에 들어오시라고 청하니 머리가 맑아졌다고 했다. "그게 바로 예수님께서 내 안에 사신다는 뜻이 될 수 있나요?" 그녀는 물었다. "그럴 수 있지요"라고 팀은 대답했다.

나는 미소를 머금은 채 그 말을 받아 적었다. 퉁런 외곽의 시골에 사는 암도 티벳 여자가 가진 정결한 마음을 떠올리기만 해도 기분이 좋아지는 것 같았다.

　그 순간 누군가 문을 두드렸다. 일레인이 퉁런에서 사귄 티벳인 친구들 중 하나인 베티였다. 우리는 서로 인사를 나눈 후 주전자에 물을 끓였다. 티벳 차를 마시며 다음 날 우리가 퉁런을 방문하는 것이 가능한지 이야기를 나누었다. 당연히 우리는 기꺼이 가겠노라고 했다. 다음 날 우리는 시외버스와 택시를 타고, 그러고도 한참을 걸어 시닝을 벗어나 퉁런과 주변 지역으로 들어갔다. 밭은 초록빛이었고 사람들은 친절했다. 노부라는 이름의 티벳인 승려가 특히 친절했다. 일레인은 몇 년 전 그에게 티벳어를 배웠다고 했다. 그와 그의 가족은 우리에게 티벳 음식인 모모(티벳의 고기 만두. 주로 야크 고기를 사용한다)와 매운 피클을 점심으로 대접했다. 그런 후 우리를 그 지역의 수도원으로 안내했다. 우리는 외곽에 나가 그의 동료 승려들을 만날 수 있었다. 가는 길에 노부는 일레인에게 성경을 읽고 있다고 이야기했다.

　택시 뒷자리에 앉아서 일레인이 노부의 가족에 관한 새로운 소식을 묻고 성경에 대한 그의 생각을 묻는 것을 들으며, 나는 일레인의 이야기를 다시 떠올렸다. 버스를 타고 오는 길에 일레인이 들려 준 이야기는 이랬다. 그녀는 퉁런에서 7년을 살고 다시 시닝으로 옮겨 가서 암도 티벳인 학생들에게 영어를 가르쳤다고 한다. 그녀는 이미 39년 동안 다닌 이사만 해도 열두 번이 넘고 다양한 사역에서 다양한 역할을 감당해 왔다. 나로서는 생각만 해도 힘에 부치는 여정이었지만 이 택시 안에서 일레인은 여전히 활발히 사역 중이다. 노부와 함께 모모에 대해, 인도에 사는 노부의 형에 대해, 그가 성경을 읽어 본 소감에 대해 대화를 나누었다. 그러고 있는 그녀의 모습을 보고 있자니 정말 놀라웠다. 그녀는 전혀 지쳐 보이지 않았다. 암도 방언을 배우는 것도 그만둘 생각이 없는 듯했다. 아니, 그 정도가 아니라 그녀에게서 에너지가 넘쳐 흘렀다. 노부와 베티와 함께 어찌나 신나게 대화를 하던지 뒤에서 듣고 있던 나는 이런 생각이 들었다. '어쩌면 일레인은 이 모든 대화가 하나님께서 주신 선물이라는 걸, 가능성이라는 걸, 하나님께서 그분의 시간에 쓰고 계신 커다란 스토리의 일부라는 걸 아주 잘 알고 있는지도 몰라.'

일레인은 내가 생각했던 그대로임이 확실했다. 다시 버스를 타고 집으로 돌아오는 길에 내게 이런 말을 했기 때문이다. "저는 여기서 씨앗에 대해 배웠어요. 바울은 고린도서에서 누군가는 씨앗을 뿌리고 누군가는 물을 주지만, 그 씨앗을 자라게 하는 건 하나님이시라고 했잖아요. 그것도 하나님의 시간에요. 제가 배운 것이 그겁니다. 저는 그냥 씨 뿌리는 일에 동참하기 위해 애쓸 뿐이에요."

그녀는 웃으면서 이런 이야기를 들려 주었다. 최근에 한 친구가 라사에서 시닝으로 돌아왔는데 그 친구가 일레인에게 묻더란다. "티벳대학교에 다니던 레베카라는 친구를 기억하세요?" 일레인은 레베카가 누군지 바로 떠오르지 않았다. 그런데 그 친구가 말하길 레베카가 일레인에게 간절히 소식을 전해 주고 싶어 하더라는 것이다. 레베카가 그리스도인이 되었으며 참 기쁨이 무엇인지 알게 되었다는 소식이었다.

"최고의 소식이었어요." 일레인이 미소 지으며 말했다. "그뿐이 아니에요. 하나님은 제게 참 부드럽게 대해 주셨어요. 우리 주님은 얼마나 선한 목자신지 한 번도 저를 서운하게 하신 적이 없답니다. 주님은 제가 네팔을 떠나는 걸 얼마나 힘들어할지 잘 아셨어요. 라사와 퉁런을 떠날 때도 마찬가지고요. 주님은 그 이동 시간을 매끄럽게 만들어 주셨어요. 당시에는 전혀 그 사실을 몰랐지만요. 주님이 옮겨 주신 장소는 항상 제 계획과 달랐지만 언제나 그분의 계획에 들어 있는 곳이었어요. 제게 주신 가장 큰 가르침은 그것이에요. 선한 목자이신 주님은 절대로 실수가 없으세요. 언어를 배울 때 시간이 오래 걸린다고 안달하는 것도 전보다 덜해졌어요. 저는 지금도 암도 방언을 배우는 중이에요! 언어에 능통해지는 것이 목적이 아니라 언어를 배우는 과정에서 현지인들과 어떻게 교제하느냐가 중요한 것 같아요."

나는 일레인 말에 동의했다. "줌라로 돌아가서 담배 연기 자욱한 찻집에 앉아 최초로 만났던 티벳인 가족과 다시 얘기해 보고 싶다는 생각은 안 드세요?"

일레인은 미소 지었다. "중국으로 온 이후 네팔에 두 번 방문한 적이 있어요. 하지만 줌라에는 가 본 적이 없네요. 그들을 다시 만난다면 정말 반가울 거예요. 보고 싶으니까요. 언젠간 그럴 날이 오겠죠. 하지만 어디를 가든 하나님께서 언제나 사람들을 붙여 주셨어요. 제 삶을 나눌 수 있는 사람들을요. 지금 이곳 시닝에서도 그래요. 살게 될 것이라고 생각지 못한 이곳에서, 고층 빌딩과 화려한 네온사인과 고가도로가 뻗은 이곳에서 하나님은 구주를 필요로 하는 이들을 또 보내 주셨답니다. 그러면 된 거죠."

나는 중국의 버스 좌석에 등을 기대며 일레인의 말에 고개를 끄덕였다. 어디를 가든 중요한 것은 씨앗이니까.

빛이 어둠에 비치되 어둠이 깨닫지 못하더라.
요한복음 1:5

빛이 비치되

스프링의 이야기

2013년 9월, 대런과 나는 호주에 돌아와 있었다. 고등학생 아들들은 개학해서 학교로 돌아갔고 내가 다음에 만날 사람은 스프링이었다. 그녀는 목요일 오후 5시 25분 비행기로 시드니 공항에 도착할 예정이었다. 스프링은 아프가니스탄의 아홉 개 지방과 다섯 개 국가에서 사역을 했으며 열한 개의 언어를 공부한 사람이다. 하지만 내게는 그녀의 사진이 없었다. 그래서 53번 게이트 앞으로 가서 검은색 펜으로 크게 그녀의 이름 '스프링'을 적은 종이를 들고 기다리기로 했다. 누구도 지나쳐 가지 못하도록 말이다.

게이트를 통과하는 사람들의 얼굴을 살피기 시작했다. '아니야, 스프링은 하이힐을 신었을 리 없어. 예순이 넘었다고 하니 머리카락

이 짙은 색은 아닐 거야. 장신구를 주렁주렁 달고 있지도 않겠지.'

그렇게 한참을 살피는데 안내 방송이 흘러나왔다. 멜버른에서 오는 비행기가 58분 연착한다는 소식이었다. 출구로 걸어나오는 사람들을 관찰하며 온전히 외모만 가지고 지극히 개인적인 판단과 추측을 내릴 시간을 번 셈이다.

마침내 스프링이 도착했다. 간단하게 코트를 걸치고 조깅화를 신은 모습이었다. 장신구는 없었다. 머리는 거의 하얗게 센 상태였다. 그녀는 웃는 얼굴과 포옹으로 인사를 한 다음, 집에는 어떻게 갈 것인지 물었다. 센트럴 역에서 출발해 블루마운틴으로 가는 다음 열차가 15분 후에 있는데 그걸 놓치면 한 시간을 더 기다려야 한다고 설명했다.

"좋아요. 그럼 뜁시다." 그녀가 말했다.

우리는 달렸다. 어찌나 빠른지 그녀의 속도를 따라잡을 수 없을 지경이었다. 공항 게이트를 통과해 수하물 수취소를 지난 후 계단을 뛰어내려가 셔틀 열차를 잡아탔다. 그리고 세 정거장을 지나 센트럴 역에 내린 후 또다시 계단을 뛰어 내려가 수많은 인파를 헤치고 에스컬레이터를 타고 올라가 무사히 블루마운틴 행 기차에 올라탈 수 있었다. 정확히 출발 10초 전이었다.

그제서야 스프링은 자신의 무릎 이야기를 꺼냈다. 최근에 무릎에 문제가 생겨서 수술을 받았다는 것이 아닌가. "어머나." 나는 순간적으로 미안해졌다. 나는 위로가 될까 해서 마침 내 남편이 물리치료

사라는 사실을 알려 주었다. 그러자 그녀는 더욱 큰 소리로 웃었다. 사실 나는 스프링이 이 정도로 유쾌한 사람일 것이라고는 상상하지 못했다. 하긴 아프가니스탄의 아홉 개 지방에서 사역한 인터서브 선교사라고 해서 시종일관 진지하거나 우울하라는 법이 있는가?

스프링은 입을 열었다. "저는 당신과 같은 정통 기독교 배경에서 자라지 않았어요. 보다시피요."

그녀는 아버지에 관한 이야기를 들려 주었다. 중국인인 아버지는 어렸을 적 중국 북부 지방에 살았는데, 그곳에 기근이 닥쳤을 때 그녀의 할아버지가 아직 어린 아버지를 바구니에 넣어 남부 지방으로 내려가 팔아 버렸다고 한다. 훗날 아버지는 정크선을 타고 말레이시아로 도망쳤다. 그곳에서 일자리를 찾았지만 학대 당하기 일쑤였다. 스프링의 어머니 역시 어릴 적 다른 사람에 의해 말레이시아에 팔려 가서 길거리를 떠도는 부랑아 신세였다. 살아남는 건 어린아이 혼자의 몫이었다. 수년 후 두 사람은 만나서 결혼했고 열 명의 자녀를 두었다. 스프링은 그중 다섯째로 태어났다. 그녀의 가족은 조상을 숭배하는 불교 신자이자 도교주의자들이었다.

이때쯤 기차는 스트라스필드 역을 지나고 있었다. 맞은편에 앉은 젊은 커플이 우리 이야기에 귀 기울이고 있는 것이 보였다. 그만큼 스프링은 흥미로운 사람이었다. 나는 말레이지아 남부에 살면서 불교 신자인 부모 밑에서 자란 어린 시절은 어땠는지 물어보았다.

가장 먼저 그녀의 큰오빠가 예수님을 믿었다고 했다. 1960년대였다. 그는 한 전도집회에서 복음을 듣고 둘째 오빠에게 복음을 전해 주었으며, 둘째 오빠는 그 다음 동생을 전도하는 식으로 모든 형제들이 믿음을 갖게 되었다. 당시 스프링은 고등학생이었는데 이를 알게 된 부모님은 노발대발했다. 즉시 아이들의 자전거에 자물쇠를 채워 교회에 가지 못하게 했다. 그 다음에는 성경을 불태웠고 다른 그리스도인들과 연락도 하지 못하게 막았다.

"부모님의 조치는 효과가 있었나요?" 나는 물었다.

"아니요." 스프링은 목소리를 더 낮췄다.

"어떤 이유에선지 부모님은 우리 형제들이 여전히 예수님을 믿는다는 사실을 알게 되었어요. 그때 깨달았어요. 누구든 마음에 예수님을 모시면 사람들에게 숨길 수 없다는 걸요. 부모님이 이번엔 회유책을 쓰시더군요. 우리에겐 그게 더 힘들었죠. 아버지가 우리를 앉혀 놓고 '너희가 어떻게 우리한테 이럴 수 있니?', '우리가 너희를 어떻게 키웠는데!', '너희가 어떻게 외국 신을 섬길 수 있느냐?'라며 한탄하셨거든요. 아주 힘든 시간이었어요. 그렇게 아버지의 말씀을 한참 듣고 난 후 우리는 부모님을 설득하려고 애썼어요. 위대한 보물인 진주를 찾았는데 그 보물이 우리에게 놀라운 기쁨을 가져다 준다고요. 물론 아버지는 듣지 않으셨지만요."

스프링은 당시 기억이 천천히 되살아나는 듯 미소를 지어 보였다. "그런 일이 있고 나서 오빠가 아이디어를 냈어요. 사도행전 16

장 31절을 우리 가정의 성경 구절로 정하자는 것이었어요. '이르되 주 예수를 믿으라. 그리하면 너와 네 집이 구원을 받으리라.' 우리는 부모님을 위해 하루에 두 번씩 기도하기로 했어요. 우리 남매가 아홉 명이었거든요." 그녀는 나를 쳐다보며 물었다. "그럼 1년에 총 몇 번 기도하게 되는지 아세요? 365 곱하기 2에 다시 9를 곱하면······ 6,570번 정도 되겠죠?"

나는 자녀들이 올린 수많은 기도와 그 기도를 전부 들으시는 하나님을 떠올려 보았다. "어린 시절에 겪은 이런 고난이 삶과 신앙에 어떤 변화를 가져왔다고 생각하세요?" 내가 물었다.

"그런 상황 속에서 할 수 있는 일은 하나님과 대화하는 것밖에 없답니다. 기도하는 거죠. 하나님이 바로 옆에 앉아 계신 것처럼요. 실제로도 그렇고요. 기도를 막을 수 있는 사람은 아무도 없어요. 교회는 못 가게 할 수 있고 자전거를 빼앗는다든가 성경을 태울 순 있어도 기도하는 걸 막을 수는 없잖아요."

스프링은 고등학교를 졸업하고 미술과 교육학을 공부하기 위해 쿠알라룸푸르에 있는 대학에 진학했다. 그제서야 처음으로 그녀는 자유롭게 기독교 모임에 나갈 수 있게 되었다. 부모님을 벗어나게 된 것이다. 그렇게 그녀는 쿠알라룸푸르에 있는 교회도 나가고 여러 다른 모임에 참석하며 지냈다. 그중 한 모임에서 스프링은 타문화권으로 가서 섬기라는 주님의 말씀을 들었다. 하나님께서 바로 옆에 앉아 육성으로 말씀하시는 것 같았다.

그녀는 당시를 떠올리며 웃었다. "그런데 제가 하나님을 무시했지 뭐예요. 하나님께 난 그냥 설교자의 설교를 계속 듣고 싶다고 했어요. 혹시 우리 부모님이 예수님을 믿게 되면 그때 가겠다고도 했어요. 그렇게 기도해 놓고는 그만 그 사건을 완전히 잊고 있었어요. 주님의 임재로 불처럼 뜨거워져 외투를 벗어야 했다는 것만 빼고요."

2년 후 스프링은 대학을 졸업했다. 같은 해 어머니와 아버지가 예수님을 영접했다. 스프링은 여전히 자기가 하나님과 했던 약속을 까맣게 잊고 있었다. 스프링은 나를 쳐다보며 물었다. "우리가 참 이스라엘 백성과 비슷하죠? 어쩜 그렇게 기억을 못할까요?"

이듬해 스프링은 자원하여 로고스 선교선(오엠 국제선교회 소속)에 올랐다. 그리고 어느 저녁 모임 중에 주님은 대학 시절 그녀에게 주신 약속을 떠올려 주셨다. 스프링은 그 순간 자신의 미래에 대해 주신 말씀을 다시 한번 확인받는 경험을 했다. 주님은 3년 전 그녀를 만나 주셨던 때를 기억나게 하셨다. 스프링도 이번에는 가만히 있을 수 없었다. 그때까지 스프링은 비행기를 타 본 적도, 말레이시아를 떠나 본 적도 없었다. 1979년 스물아홉 살의 스프링은 UN과 함께 파푸아뉴기니의 정글 속 난민 캠프에서 일하기 위해 말레이시아를 떠났다.

스프링은 당시를 떠올리며 웃음을 터뜨렸다. "전 원래 시골 체질이 아니에요. 도시에서 나고 자랐거든요. 그런 내가 물도, 전기도 없는 곳에 가서 프로젝트를 하겠다고 덤빈 거죠. 그런데 그곳에서 깨달았어요. 우리 안에 상상을 뛰어넘는 내적 자원이 존재한다는 걸요. 몰라서 사용 못했거나 아니면 그저 필요하지 않았던 것일 뿐이죠."

그런 스프링에게도 어려움은 있었다. 축복과 자원을 선물로 받았다면 그것을 사용할 책무도 따르는 법이다. 말레이시아로 복귀한 스프링에게 하나님은 이렇게 말씀하시는 것 같았다. "짐을 풀지 말거라. 곧 다시 떠나게 될 것이다."

정말로 그랬다. 1986년 스프링은 또다시 말레이시아를 떠나 파키스탄과 아프가니스탄으로 향했다. 이번에는 인터서브 소속이었다. "처음에는 인터서브의 제안을 거절했답니다." 스프링은 웃으며 말했다. "저는 인터서브가 쪽진 머리에 치마만 입고 다니는 사람들이 모인 곳이라고 생각했거든요."

우리는 함께 웃었다. 우리는 둘 다 바지 차림이었다. 어느새 블루마운틴 행 기차에서 내릴 때가 되었다. 우리는 역사 내 가게들을 지나 주차장으로 향했다. 차를 타고 마당에 칠리고추와 깍지완두가 자라는 우리 집에 도착했다. 정원에 들어서자마자 부엌에서 풍겨 나오는 인도 커리 향이 났다. 대런과 아이들은 이미 식사를 마친 상태였고 우리 먹을 것은 냄비에 남겨져 있었다.

"커리 좋아하세요?" 대런이 가방을 내려놓는 스프링에게 물었다.

"그럼요. 깍지완두도 좋아한답니다!" 스프링은 그렇게 말하며 웃음을 터뜨렸고 우리는 함께 깍지완두를 먹으며 그녀가 들려 주는 아프가니스탄 난민들과 함께했던 8년간의 이야기를 들었다. 그녀는 보건소에서 여성과 시각장애인을 돕는 일을 했다.

그곳은 교전 지역이었다. 스프링이 그곳에 도착하자마자 누군가 급히 그녀를 찾아와 캠프에 있는 한 여성을 도와달라고 요청했다. 스프링이 가 보니 한 여성이 아기를 안고 있는데 아기에게 젖을 물리고 있는 모양이었다. 그런데 가까이 다가가 보니 아기는 이미 죽은 것이 아닌가. 어머니의 젖도 마른 상태였다. 그렇게 말하는 스프링의 얼굴이 참을 수 없이 슬퍼 보였다. "저는 아기를 구할 수 없었어요. 할 수 있는 게 아무것도 없더군요. 서방에서는 우유가 넘쳐나 싱크대에 버리기까지 하잖아요. 하지만 아프가니스탄에는, 난민 캠프에는 아무것도 없답니다."

어느 날은 시장에서 어린 아들 둘을 데리고 나온 아버지를 보기도 했다. 아이들은 아버지의 양 다리에 매달려 있었고 아버지는 지나가는 사람들에게 이렇게 외치고 있었다. "이 사내아이들을 키워주실 분 안 계신가요? 누구 이 아이들을 데려가실 분 안 계십니까? 저는 더이상 이 아이들을 먹여살릴 힘이 없습니다." 그 자리에 있는 모두가 울었다고 한다.

아프가니스탄은 기후가 너무 건조해서 사람들이 먹을 만한 것을 찾기가 힘들었다. 배고프면 잎사귀라도 따 먹을 수 있는 동남아시아 출신의 스프링에게는 모든 것이 너무도 생소했다. 이 일을 계기로 스프링은 염소 프로젝트를 시작했다. 염소 한 마리는 새끼 두 마리와 젖을 생산해 낸다. 한 가족이 염소 한 마리를 키우면 새끼 한 마리는 어미에게 두고 나머지 한 마리는 내다팔 수 있으며 염소 젖을 먹을 수도 있다.

"가장 어려웠던 점은요?" 내가 물었다.

"불의죠." 스프링이 두 주먹을 불끈 쥐며 말했다. "사방에 부당한 일투성이거든요. 탈레반이 정권을 잡은 시기에는 더 했죠. 차를 타고 시장을 다니면 군인들이 가죽띠로 여자들을 때리는 걸 볼 수 있었어요. 여자가 집 밖에 나왔다는 게 이유였어요." 그녀는 잠시 말을 멈추더니 고개를 절레절레 흔들었다. 아프가니스탄 사회에서 여성은 집에 있어야만 한다. "그렇지만 여자들더러 어쩌라는 거죠?" 그녀는 묻듯이 말했다. "여자들도 일을 해야만 했어요. 돈도, 먹을 것도 없는 걸요. 남자들은 수염이 짧다는 이유로 군인들에게 매를 맞기도 했어요. 차에 앉아서 그 광경을 보고 있노라면 화가 치밀어 저절로 주먹이 쥐어지죠. 물론 아무도 보지 못하게 주먹을 숨긴 채로요. 제가 할 수 있는 일은 아무것도 없었어요. 그게 가장 힘들었어요. 정말이지 난 불의를 못 참겠어요. 전쟁도 마찬가지고요.

한번은 열 살 혹은 기껏해야 열두 살 정도로 보이는 남자아이들이 전쟁터로 행군하는 모습을 본 적이 있어요. 인간 총알받이가 되러 가는 거죠. 탈레반이 그 대가로 돈을 주긴 해요. 절박하게 가난하면 그 돈이라도 필요한 법이죠. 그런 모습을 보면 나는 집에 가서

아프가니스탄의 많은 사람들은
한 가지 가르침밖에 받은 적이 없다.
그리스도인들은 이슬람의 적이며 변절자이자
악당이라고 배웠으니 그렇게 아는 것이다.

울었어요. 기도 매트 위에 무릎을 꿇고 매트가 눈물로 흠뻑 젖을 때까지요."

스프링이 자리에서 일어나더니 테이블 옆에 무릎을 꿇고 앉아 기도 매트의 크기를 손으로 직접 그려 보였다. 고개를 숙이고 기도하는 흉내를 내는 그녀의 손이 여전히 긴장되어 보였다. 나는 매트 위에서 눈물 흘리는 스프링의 모습을 떠올려 보았다.

이어서 그녀는 지뢰 이야기를 시작했다. "시각장애인 사역을 위해 여러 마을로 다니곤 했어요. 어느 날에는 웬 사람들이 죽은 지 얼마 되지 않은 열두 구의 시신을 가져오더니 마을 사람들을 불러모아 시신의 신원을 확인시키더군요. 마을 사람들이 와서 얼굴에 덮인 천을 걷어 가족임을 확인했어요. 금세 사방에서 통곡 소리가 들려왔어요. 절단된 시신, 신체 일부가 사라진 시신, 형체를 아예 알아볼 수 없는 시신들도 있었죠.

하루는 한 시각장애인이 훈련을 받고 싶다며 센터를 찾아왔어요. 얼굴을 천으로 덮고요. 얼굴을 볼 수 있게 가린 천을 치워 달라고 부탁하니 천을 천천히 걷는데 글쎄 얼굴이 아예 없지 뭐예요. 생살갗이 그대로 드러나 온통 파리에 뒤덮여 있었어요. 지뢰 피해자였던 거예요. 본래 지뢰 제거 팀원이었는데 휴식 시간에 그만 사고가 났대요. 지뢰를 제거하는 사람들은 걸을 때도 아주 조금씩 움직이며 이동해요. 아주 위험하면서도 지겹도록 반복되는 일이죠.

지뢰로 죽는 경우도 있지만 대부분 불구가 돼요. 그들에게는 죽는 것이 도리어 축복이랍니다. 그러면 순교자가 되어 낙원에 갈 수 있다고 믿으니까요. 하지만 장애인은 인간 취급도 받지 못해요. 시장에 나가 보면 그런 장애인들을 쉽게 만날 수 있어요. 팔다리가 잘려나간 사람들, 뺨이 없는 사람들, 몸이 일그러지고 뒤틀어진 아이들. 지뢰에는 종종 플라스틱 나비나 헬리콥터 모형이 달려 있어요. 아이들을 유인하려는 거죠. 아이들에게 땅에 떨어진 헬리콥터를 집어 들지 말라고 아무리 가르쳐도 소용없어요. 그들에겐 장난감이 없는 걸요."

스프링은 잠시 말을 멈췄지만 도저히 끝낼 수 없는 모양이었다. "그런 것들이 저를 울게 하고 주먹을 부르르 떨게 해요. 저는 화가 나면 그걸 하나님께 전부 표현해야 하는 사람이에요. '어떻게 이런 일이 일어나도록 내버려두시는 겁니까? 도대체 뭘 하려고 이러시는 겁니까? 뭐라도 하셔야 하는 것 아닙니까?' 이러면서요.

너무 화가 나면 빵을 구울 때도 있어요. 화난 기운을 빵 반죽에 풀어 보려고요. 어떨 때는 물건을 집어던지고 싶기도 해요. 심지어 하나님을 향해서도요. 그러면서 이렇게 묻죠. '주님, 대체 언제 역사하시려는 겁니까? 너무 불공평해요! 어떻게 보고만 계시는 거죠?'

가끔은 제가 하나님을 샌드백으로 사용하는 건 아닌가 하는 생각이 들기도 해요. 그렇지만 하나님은 제가 실컷 그렇게 하도록 내버려두세요. 저는 폭력을 증오해요. 폭력은 폭력을 낳을 뿐이잖아요. 하나님 형상대로 지어진 우리의 영혼을 짓밟고 말죠. 도대체 어느 누가 타인의 영혼을 짓밟을 권한을 받았답니까?

하나님은 사람을 지으시고 보기에 좋았더라고 하셨어요. 사랑으로 우리를 지으셨다고요. 어떻게 하면 우리도 그렇게 할 수 있을까요? 대체 우리는 왜 사랑하지 못하는 걸까요? 서구 사회의 그리스도인들은 언제쯤 깨어날까요? 난 정말 궁금한 게 많아요."

그렇게 수년을 보내면서 스프링은 서서히 답을 찾기 시작했다. 작은 궁금증에 대한 답들, 조용한 응답들이었다.

어느 날 스프링은 아메드라는 한 남자를 만났다. 그는 전쟁으로 형을 잃었다고 했다. 그곳 문화에서는 남자가 죽으면 남은 형제가 죽은 형제의 아내를 취하고 남겨진 자녀를 돌보는 관습이 있었다. 그런 후 아메드도 전쟁에 나갔고 그는 살아 돌아왔다. 스프링은 그를 아메드의 이모 집에서 처음 만났다. 아메드는 그녀가 어느 나라 사람인지 물었다.

"말레이시아에서 왔어요." 스프링이 말했다.

"아, 그럼 그쪽은 우리의 무슬림 자매인가요?" 아메드가 물었다.

"아닙니다. 저는 예수 그리스도를 믿습니다." 스프링이 대답했다.

그 말을 들은 아메드가 별안간 성을 냈다. 발로 흙을 차서 스프링의 얼굴을 향해 뿌리고는 그 자리를 떠났다. 그 문화에서 손님에게 그런 행동을 보이는 것은 상대를 간접적으로 공격하는 행동이었다. 아메드 역시 이를 알고 있었다. 집주인이라면 마땅히 손님에게 예의를 지키는 것이 도리였다.

그와 만나고 나서 얼마 지나지 않아 인터서브 사무실에서 청소 직원을 구하는데 아메드가 그 자리에 지원했다. 스프링은 아메드가 그 자리에 오면 큰일이라고 생각했다. 반기독교적일 뿐 아니라 폭력적이기까지 한 사내가 아니던가. 그날 스프링은 사무장에게 그 사실을 전할 셈이었지만 어쩐지 하루 종일 바빠서 그를 만나지 못했고 어느새 잊고 말았다. 인터서브가 누구를 채용했겠는가? 바로 아메드였다. 스프링은 그 사실을 알게 되자마자 사무실의 모든 이들에게 그에 대해 경고했다. "그 사람 조심하세요."

3년간 스프링을 비롯한 인터서브의 모든 이들이 각별히 주의했다. 드러내 놓고 신앙 이야기를 하지 않으려고 애썼고 누가 대화를 엿듣지 않을까 해서 항상 조심했다. 그러다가 안식년이 돌아왔고 스프링은 떠나기 전에 아메드에게 인사를 했다.

그는 스프링을 쳐다보더니 이렇게 말했다. "당신 나라로 돌아간다고 들었어요. 다시 올 건가요?"

"그럼요." 그녀가 말했다.

아메드는 잠시 아무 말 없더니 다시 입을 열었다. "나를 처음 만났던 때를 기억하세요?"

"물론이죠. 어떻게 잊어버리겠어요?" 스프링이 웃으며 말했다.

그러자 아메드는 마침 그 자리에 이모가 없었더라면 아마 어깨에 메고 있던 AK47 소총을 들어 스프링의 얼굴을 쏴 버렸을지도 모른다고 말했다. 당시 그는 그리스도인이 근처에 오기만 해도 그렇게 분노가 치밀었던 것이다. 그 이야기를 듣는 스프링은 자기도 모르게 뒤로 한 발짝 물러날 뻔했다. 그러나 다음 말이 그녀를 붙잡았다. 그는 지난 3년간 스프링을 비롯한 다른 인터서브 사람들을 지켜봤다고 말했다.

"이제는 그리스도와 그리스도인들이 다르게 보입니다." 그가 말했다. "아시겠지만 그동안 내가 배운 건 딱 하나뿐이고, 그게 전부인 줄 알고 살아왔거든요."

그의 입에서 이런 이야기가 나오리라고는 상상도 하지 못했다. 아프가니스탄 사람들은 좀처럼 사과를 하지 않는다. 그의 이야기를 들으니 이곳의 수많은 사람들은, 특히 광신도일수록 한 가지 가르침 밖에 받은 적이 없다는 사실을 깨달았다. 그리스도인들이 이슬람의 적이며 변절자이자 악당들이라고 배웠으니 그렇게 아는 것이다. 그래서 그리스도인을 죽인 무슬림 광신도는 순교자나 영웅 대우를 받는다. 그들이 죽으면 무덤에 특별한 깃발을 꽂아 준다. 그것이 그들이 배운 전부라고 스프링은 설명했다.

그렇기에 아메드가 스프링에게 그리스도인들이 이전과 다르게 보인다고 말한 것은 우리가 생각하는 것보다 훨씬 더 큰 의미를 가진다. 그 말은 곧 그리스도인이 무슬림의 적이 아니며 악당이 아닐 수도 있다는 뜻이다.

스프링은 나를 쳐다보았다. "아메드가 그렇게 얘기하다니 놀라웠어요. 제가 찾던 해답의 작은 부분이 해결된 셈이기도 했고요."

"답이 된 다른 부분들은요?" 나는 그렇게 물으며 내가 스프링의 불끈 쥔 두 주먹과 온 세상에 대한 해답을 계속해서 듣고 싶어 한다는 것을 깨달았다. 나 자신의 문제를 포함해서 말이다.

스프링은 이야기를 이어 갔다. 병원에서 일하며 언어 연습을 하던 해였다. 그곳 환자의 친척이 스프링을 집으로 초대했다. 친척이 누군지도 몰랐지만 일단 초대를 받았으니 그 집으로 갔다. 그런데 그는 알고 보니 아프가니스탄의 지배 종족인 파슈툰족의 사령관이었다. 집 안으로 들어가니 사령관이 거실의 낮은 의자에 앉아 있었고, 장정 여럿이 그를 둘러싸고 서서 시중을 들고 있었다. 꼭 아라비안 나이트의 한 장면 같았다. 어디서도 여자는 찾아볼 수 없었다. 스프링은 경의를 표하고자 멀찌감치 떨어져 앉았다.

사령관이 질문을 하기 시작했다. 그녀의 삶과 가족에 대한 질문이었다.

"그날이 첫 만남이었어요." 스프링은 미소를 지었다.

"만남이 거듭되면서 저는 그에게 복음을 전하고 싶었어요. 하지만 일반적으로 아프가니스탄 문화에서 여자는 남자와 동석하는 것조차 허락되지 않아요. 어느 날 저도 다른 여자들을 따라 부엌으로 들어가려던 참이었어요. 사령관이 저를 부르더군요. '스프링 씨, 이리 와서 앉으시오.' 그가 하라는 대로 가서 앉왔죠. 가까이 다가가서 앉으니 주변의 부하들이 저를 노려보았어요. 사령관이 제게 닭다리를 주지 뭐예요. 닭고기 요리에서 가장 맛있는 부분 말이에요. 이후 저는 그에게 복음을 들려 주고 〈예수〉 영화가 담긴 DVD를 두고 왔어요.

시간이 흘러 연말이 되었고 우리 팀은 현지인들과 함께 크리스마스 연극을 준비했어요. 현지어로 복음을 소개하는 시간이었죠. 지금은 그런 게 허락되지 않지만 당시에는 가능했답니다. 저는 그 사령관을 초대했어요. 그랬더니 한 부대를 끌고 오더군요. 연극이 끝난 후 설교자가 기도하길 원하는 사람들은 앞으로 나오라고 초청했어요. 그런데 사령관이 앞으로 걸어나가는 거예요! 설교자가 그의 어깨에 손을 얹고 기도하는데 옷섶의 권총이 만져지더래요. '그 자에게 총이 있었어요'라고 설교자가 나중에 제게 말했어요. 하지만 아무 일도 일어나지 않았어요.

나중에 사령관이 제게 이렇게 말하더군요. '스프링 씨, 나도 믿고 싶소. 정말 그렇소. 하지만 그럴 수 없다오. 내가 가진 지위 때문이오. 나는 이 부족의 지도자요. 내가 개종하면 어떤 일이 벌어질지 상상할 수 있겠소?'"

스프링의 얼굴이 슬퍼 보였다.

"그동안 수많은 부하들이 희생되었고 그는 그 일에 책임이 있는 자였어요. 많은 이들이 죽어야 했지요. 하지만 그가 아주 특별한 이야기를 해주었어요. '마음이 힘들 때마다 나는 밀실에 들어가 문을 잠그고 그 DVD를 본다오.' 놀랍지 않나요? 그런 일을 하실 분은 주님밖에 없어요.

그 사건을 통해 나는 깨달았어요. 사람은 누구나 마음속에 무언가가 존재한다는 사실을요. 하나님을 향한 갈망이죠. 겉으로 보이는 것은 그저 뭐랄까 합판과 같은 겉치장일 뿐이에요. 누구나 그렇잖아요. 하지만 우리 내면에는 진공관 같은 그리움이 존재해요. 그로부터 얼마 지나지 않아 그 사령관이 세상을 떠났답니다. 그 소식을 듣고 얼마나 울었는지 몰라요. 지금도 그를 생각하면 다시 울고 싶어져요."

"그런데 그게 전부가 아니에요." 스프링이 나지막한 목소리로 덧붙였다. "하나님은 항상 이곳에 계세요."

나는 그녀를 쳐다보았다. 아직 들려 주지 못한 뭔가가 분명히 더 있으리라. 스프링은 강간 미수 사건을 이메일로 내게 알려 준 적이 있었다. 그것도 두 번이나.

"죽음을 두려워한 적은 없어요." 그녀가 말했다. "태어날 때부터 그랬죠. 그리스도인이 되기 전에도 죽음은 두렵지 않았어요. 아프가니스탄은 밤에 잠이 들면 다음 날 멀쩡히 살아서 깨어나는 것이 보장되지 않는 나라죠. 하지만 저도 여자인지라 강간은 무서워요. 내면의 중심을 침범당하는 일이잖아요. 제게 가장 취약한 부분이죠. 그럴 뻔한 적이 두 번 있었어요.

두 번 다 괴한이 다가오는 소리를 들었답니다. 한번은 방문을 넘었고, 또 한번은 창문을 넘어 들어왔죠. 둘 다 낡아서 부수고 들어오기 쉬웠거든요. 그들이 저에 대해 이야기하는 소리가 들렸어요. 제 몸을 두고 하는 이야기였어요. 아프가니스탄어를 알아들으니 그들이 뭐라고 하는지 무엇을 하려는지 금세 알 수 있었어요. 온몸이 얼어붙었죠. 입 밖으로 아무 소리도 나오지 않았어요. '주님, 저 좀 살려 주세요'라는 말조차도요. 전기가 없으니 불을 켤 수도 없었어요. 등골이 서늘해지더군요. 문과 창문이 사납게 흔들리는 소리가 나더니 그들의 숨소리가 점점 가까워지는 것 같았어요.

그런데 결국은 아무 일도 일어나지 않았어요. 무슨 일이 일어난 건지 지금도 모르지만 두 번 모두 괴한들이 그냥 돌아갔어요. 하나님의 은혜지요. 하지만 지금도 어디선가 강간 사건 소식이 들려올 때마다 그 당시 상황이 처음부터 끝까지 되살아나요. 그런 일이 얼마든지 또 일어날 수 있다는 걸 아니까요."

나는 스프링을 물끄러미 쳐다보았다. 뭐라고 해줄 수 있는 말이 없었다. 그녀가 다시 입을 열었다.

"그렇지만 하나님이 저와 함께하신다는 걸 알아요. 주님도 함께 마음 아파하신다는 것도요. 화풀이용 빵 반죽을 끝내고 나면, 내 안에서 소용돌이치는 의문이 잠잠해지고 나면, 분노의 기운이 다 사그라들고 나면 주님이 제게 찾아와 이렇게 말씀하세요. '네 마음도 그렇게 화가 나고 무너지고 슬픈데 내 마음은 어떻겠니?' 그럴 때마다 아버지의 마음을 조금이나 엿볼 수 있어요. 아버지의 마음이 얼마나 고통스러우실지요. 그러면 또다시 눈물을 한 바가지씩 쏟곤 하죠. 하나님은 항상 나와 함께하시고 우리 안에 성령님이 계시다는 걸 다시 한번 기억하게 되고요.

주님은 질그릇에 담긴 보물 같아요. 우리의 상황을 전부 알고 계시죠. 우리가 가진 의문과 분노뿐 아니라 어쩌다 신발 속에 굴러들어간 작은 돌멩이까지도요. 주님은 그런 돌멩이에 영향받을 분이 아니시잖아요. 우리의 교사요 안내자시죠. 그러니 주님이 우리를 가르치실 수 있도록 자리를 내어 드려야 해요. 그분의 방식으로 우리를 이끄시도록 말이에요. 주님은 절대로 우리를 떠나지 않으세요.

그런데 우리는 우리 안의 빛을 잘 깨닫지 못하고 사는 경우가 많아요. 어둠에 압도당하기 때문이죠. 불의나 고통 따위 말이에요. 주변을 둘러보면 그런 것만 눈에 보이는 걸요. 하지만 점점 더 알 것 같아요. 내 안에 있는 빛이 얼마나 강력한지, 얼마나 큰 희망과 위로를 주는지, 얼마나 부드러운지를. 우리는 그 빛을 볼 수 있어요. 예수님은 세상의 빛이시잖아요. 그 빛은 어둠과 고통을 밀어내죠. 상처에 바르는 연고 같다고나 할까요."

나는 스프링을 바라보며 그녀의 어린 시절, 그러니까 기도 말고는 할 수 있는 게 없던 십대 시절에 하나님과 보낸 시간들이 오늘 그녀가 가진 기쁨과 소망의 원천은 아닌지 궁금해졌다.

"그럴 수도 있겠죠." 그녀가 동의했다.

"제가 할 수 있는 건 기도뿐이었어요. 지금도 여전히 그렇고요. 저는 어디를 가든 거룩한 장소를 찾는 버릇이 있어요. 기도를 생각나게 하는 곳 말이에요. 성경과 기도 매트를 거기에 둬요. 아프가니스탄에서는 일기나 기도 노트를 가지고 있을 수 없었어요. 발각되었다간 죽을 수도 있거든요. 그래서 주님께 이렇게 말했어요. '모든 게 주님 손에 있습니다. 제가 기록할 수 없는 생각과 기억과 기도를 모두 올려 드립니다. 그것들이 필요할 때 주님께서 다시 돌려주시리라고 믿습니다.'

주님은 정말 그렇게 하셨어요. 언제나요. 기도할 때면 저는 입을 다물고 주님이 말씀하시길 기다렸어요. 그러면 주님은 언제나 말씀하셨고 저는 펑펑 울 수밖에 없었죠. 저의 상황이나 고난이 처량해서 우는 게 아니라 주님의 사랑과 은혜, 그리고 그분이 저와 세상을 위해 하신 일들 때문에 울어요. 그게 제가 얻은 유일한 답이에요."

나는 그녀를 바라보며 고개를 끄덕였다. 그 점에 대해선 나도 동의한다. 이번에는 시간이 지나면서 상황이 나아졌는지 궁금해졌다. 스프링은 고개를 가로저었다. "아니요. 시간이 지나도 그건 나아지지 않더라고요."

스프링은 아프가니스탄에서 7년을 보내고, 2005년 중앙아시아로 옮겨 4년간 지역 책임자로 섬겼다. 그런 다음 또다시 새로운 곳으로 향했다. 이번에는 캄보디아였다. 거리의 아이들을 대상으로 하는 사역이었다. 반 년 후 그녀는 다시 베트남으로 건너가 7년 동안 현지 학교에서 영어를 가르치면서 그 지역의 인터서브 파트너십 개발을 도왔다.

그러나 베트남에서는 또 다른 불의를 보며 매일 밤 울어야 했다. 매일 밤 그녀를 울리는 부당한 일들이 곳곳에 있었다. 전쟁이 끝난지 수십 년이 지났지만 여전히 고엽제 후유증으로 팔 없는 아이나 안구 돌출, 비틀어진 코, 심각한 구순구개열을 가진 아이들이 태어났다. 스프링은 한숨을 내쉬었다.

"불공평의 문제가 가장 화가 났어요. 권력자들은 이를 해결하려들지 않았고, 부자들은 자기보다 형편이 힘든 이들을 경멸했지요. 그늘에서도 온도가 40-50도씩 오르는 날에도 머리에 끈을 동여매고 수레를 끌고 가는 할머니가 있었으니까요. 뙤약볕에 몸을 웅크린 모습이 무슨 짐승처럼 보이는데 부자들은 그런 걸 보고도 아무렇지도 않게 생각한다니까요!"

스프링은 다시 주먹을 불끈 쥐었다. "하지만 가난한 사람들…… 저는 오히려 그들에게서 배웠어요." 그녀가 말했다. "가진 것 없는 그들이 제게 많은 것을 주었답니다."

스프링은 그 가난한 곳에서 그녀 앞집에 살던 가족 이야기를 들려 주었다. 부모와 열 명의 자녀, 그리고 할머니가 방 한 칸에서 사는 집이었다. 그 집의 아버지는 길에서 튀김만두를 팔아 생계를 꾸려 나갔다. 하루는 그 집의 어머니가 팔에 아기 둘을 안고 나타나서는 스프링에게 자랑스레 보여 주었다. 열한 번째 아기를 낳으러 병원에 갔는데 마침 그 병원에서 아기를 낳다가 죽은 가난한 여인이 있었다고 한다. 아무도 그 아이를 맡으려고 하지 않자 그 집의 아버지가 혼자 남은 아기를 키우겠다고 데려온 것이다. "제 아내는 젖이 많이 나오거든요"라면서.

스프링은 미소를 지었다. "정말이지 하나님은 어디서든 일하시는 것 같아요." 하노이에서 만난 팅이라는 젊은 친구의 이야기를 시작하자 그녀의 얼굴은 다시 환해졌다. 영국 유학 중에 대학교에서 복음을 접한 친구였다. 베트남으로 귀국한 후 그녀의 머리는 궁금한 것으로 가득했지만 이런 이야기를 나눌 상대를 하노이에서 찾지 못하고 있었다. 그녀의 상황을 이해할 만한 사람이 없었기 때문이다. 그러다가 팅은 스프링을 만났다. 팅은 자기처럼 불교 집안에서 조상숭배에 대해 배우며 자라다가 마침내 예수님을 믿게 된 스프링과의 만남을 몹시 반가워했다.

팅과 스프링은 정기적으로 만나기 시작했다. 그러던 어느 날 팅은 예수님을 개인적으로 만나는 체험을 했다. 팅은 바로 신앙을 고백했고 두 사람 모두 이 일을 매우 기뻐했다. 하지만 팅의 부모에게는 도저히 받아들일 수 없는 일이었다. 팅의 어머니가 비밀경찰을 부르겠다고 협박하기도 했다. 이 일로 두 사람은 많은 눈물을 흘렸지만 스프링은 받아들이기로 했다.

"서두르지 않아도 괜찮아요." 그녀는 팅에게 조언했다. "일단 부모님 말씀에 순종하고 집안일도 도와드리세요. 그렇게 시간을 가지고 기도하면서 기다려 봐요."

스프링은 나를 쳐다보며 설명했다. "일반적으로 선교사들은 현지인들 앞에서 복음을 부끄러워하지 말라고 가르치죠. 믿음을 선포하고 주변 사람들에게 그 믿음을 전하라고요. 맞아요. 저도 동의해요. 하지만 서로 다른 문화나 가정환경에 대해서도 민감하게 반응할 줄 알아야 해요. 가족은 누구에게나 중요하니까요. 복음을 나눌 가장 좋은 때와 장소는 따로 있는 것 같아요. 그런다고 우리 안에 있는 빛이 가려지는 것은 아니거든요. 빛은 마음에 예수님을 모시면 저절로 드러나는 법이잖아요."

현재 스프링은 불교 신자였다가(혹은 반기독교적 배경에서 자랐다가) 예수님을 믿게 된 현지인들을 돕고 격려하며 시간을 보내고 있다. 그녀는 그곳의 현지인들은 예수님을 영접했다고 해서 즉시 이를 주변에 알리지 않는 습성이 있음을 강조했다. 먼저 부모를 위해 기도하며 시간을 갖는 것이 더 현명할 때도 있다. 부모는 결국 알게 될 것이기 때문이다. 만일 부모가 교회를 못 가게 하면 당분간 가지 않아도 괜찮다. 신의를 지키고 정직한 것이 더 중요하기 때문이다. 그게 바로 증거하는 것이라고 스프링은 말했다.

때가 이르면 주님이 일하실 것이다. 언젠가는 성도의 교제도 일어날 것이다. 아무리 폐쇄적인 국가라 하더라도 마을마다 믿는 자들의 모임이 생기기 마련이다.

이야기를 나누다 보니 어느덧 밤이 되었다. 스프링도 늦은 시간임을 고려해 이야기를 마무리하기 시작했다.

"난 여전히 세상에서 일어나는 많은 일을 이해할 수 없어요. 사람들이 왜 그런 선택을 하는지, 고통과 악의 존재 이유는 무엇인지 하는 것들이요. 아프가니스탄에서 동료 한 명이 살해를 당했어요. 지금도 그날을 기억해요. 전화를 걸어도 받지 않길래 찾아갔어요. 다같이 저녁을 먹기로 했는데 나타나지 않았으니까요. 아내는 셋째 아이 출산을 앞두고 캐나다에 가 있었어요. 도대체 왜 그런 일이 일어나는지 정말 이해할 수 없어요. 하긴 저 역시 제 안의 상처도 다 이해하지 못하는 걸요. 그렇다면 내가 얼마나 자주 주님의 마음을 아프게 했을까 하는 생각도 들지요.

그럴 때면 이런 생각을 해요. 우리에게 깨어진 부분이 없다면 주님의 빛이 우리를 통과할 수 없다는 걸요. 언젠간 모두 이해할 날이 오겠죠. 언젠간 다 알게 될 거예요. 그런 날이 올 때까지 우리는 계속 이 길을 가고 주님을 향해 부르짖는 수밖에 없어요. 주님의 말씀대로요. 주님이 살피시고 우리와 함께하시니까요. 너희 빛이 사람 앞에 비치게 하라, 등불을 켜서 말 아래 두지 말라고 주님이 우리에게 말씀하시잖아요. 기도할 때는 잠잠해서 주님이 말씀하시도록 하라고도요."

나는 스프링의 말을 받아 적었다. 나를 위한 이야기였다. 언젠가 내가 공허하고 메마르며 의문으로 가득한 시간을 보낼 때 잘 쓸 수 있을 것이다. 함께 기도하고 고맙다는 인사를 나눈 다음 나는 스프링을 손님방으로 안내했다. 깨끗한 이불에 벽에는 네팔 그림을 걸어 둔 방이었다. 하지만 그녀가 침구에는 관심이 없음을 금세 눈치챌 수 있었다. 다음 날 아침 어디서 무릎을 꿇고 기도할지 기도 자리부터 찾는 것 같았다. 그날 밤 나는 잠자리에 들면서도 스프링의 이야기를 머릿속에서 지울 수 없었다. 헬리콥터와 아이들과 지뢰밭, 견딜 수 없는 고통을 야기하는 모든 불의한 일들, 스프링을 눈물로 기도할 수밖에 없게 만드는 그 모든 일들을…….

내가 지금 앉아 기도하는 이곳도 눈물로 젖어 있는가? 얼마나 자주 그런 일이 일어나는가? 내 기도가 부족한 건 아닐까? 기도하면 내 마음도 부드러워지려나? 세상에서 일어나고 있는 일들, 그리고 바로 내 이웃에게 일어나는 일들로 주님이 마음 아파하실 때 나도 같이 아파할 수 있게 말이다.

다음 날 우리는 늦은 아침을 함께 먹었다. 대런과 나는 내년 계획에 대해 스프링에게 물었다. 그녀는 어떤 계획을 세우고 있을까? 그녀를 위해 어떻게 기도해 주면 좋을까? 스프링은 앞으로 여섯 달 안에 필리핀으로 옮겨가 인터서브와 새 사역을 시작할 것이라고 말했다. 현지교회와 이주 노동자들을 위한 사역이다. 역시 그녀는 짐을 푼 적이 없었다.

"저를 신나게 하는 건 말이에요," 우리와 함께 기차역으로 걸어가며 스프링은 미소를 머금고 말했다. "궁금해진다는 거예요. 주님이 다음엔 어떤 일을 하실까 하고 말이죠."

우리는 고개를 끄덕였다. 그리고 스프링을 태우고 출발하는 열차
를 향해 손을 흔들었다.

공중의 새들이 와서 그 가지에 깃들이느니라.
마태복음 13:32

우리를 진짜로 사랑한다니까요

아이리스의 이야기

인도 오디샤(2011년 '오리샤'에서 개명되었다)에서 아이리스를 인터뷰하면 어떻겠냐고 제안한 사람은 다름 아닌 스콧이었다. 인터서브 파트너의 이야기가 필요하다면 오디샤의 아이리스가 적격이라면서 말이다. 아이리스는 40년째 말칸기리 지방의 부족민을 섬기며 보건과 개발에 관여해 온 대단히 영향력 있는 선교사다.

나는 아이리스에게 이메일을 보내 오디샤에 방문하는 것이 가능한지, 그렇다면 어떻게 가야 할지를 물었다. 그녀는 우리의 방문을 환영한다고 회신을 보내 왔다. 그리고 제안하기를 비행기를 타고 비자그(안드라프라데시 주에서 두 번째로 큰 도시 비샤카파트남을 현지인이 부르는 별칭)에 내려 지프차를 타고 10시간 가량 달려 오디샤에 도착하거나, 하이데라바드까지 비행기로 가서 16시간 동안 지프차로 밀림을 가로질러 오는 방법이 있다고 했다. 산과 계곡을 좋아한다면 두 번째 방법이 더 좋겠지만 반군의 공격이 있을 수 있으니 그리 안전하지는 않다는 말도 덧붙였다. 어느 쪽을 택하든 직접 우리를 마중 나와 함께 이동할 것이니 걱정하지 말라며 안심시켰다. 이동하는 내내 이야기를 나눌 수 있으니 즐거운 여행이 될 것이라면서 말이다.

나는 그 이메일을 대런에게 전달하고는 블루마운틴의 안락한 내 집 거실에 앉아 지프차를 타고 16시간 동안 밀림을 가로지르며 아이리스와 수다 떠는 모습을 상상해 보았다.

그로부터 6개월 후, 대런과 나는 하이데라바드의 한 호텔 로비에서 아이리스와 만났다. 그녀는 녹색과 빨간색의 사리(인도 여성의 전통의상) 차림에 금 귀걸이를 하고 걸어 들어왔다. 그녀는 환하게 웃는 얼굴로 우리를 맞이했다. 검은 머리는 뒤로 길게 땋아 내리고 있었다. "와 주셔서 기뻐요." 그녀는 인도인들이 그러하듯 머리를 흔들며 말했다. "주님이 좋은 아이디어를 주셨지 뭐예요. 차를 탈 때 쿠션을 두 개씩 가지고 타는 거예요. 하나는 방석으로 쓰고 다른 하나는 창문과 머리 사이에 끼우는 거죠."

창문용 쿠션이라니 좋은 아이디어 같았다. 우리는 빨간 지프차에 올라타 쿠션을 제 위치에 두고 떠날 준비를 갖추었다. 부드럽고 푹신한 쿠션이 창문으로부터 머리를 안전하게 지켜 줄 것 같았다. 아이리스는 우리에게 뇌말라리아 예방약을 먹었느냐고 물었다.

"아니요." 우리가 대답했다.

"이런, 진작에 말씀드려야 했는데……." 그녀가 말했다. "지금 말칸기리 지역에 말라리아가 대유행이에요. 벌써 200명이나 죽었답니다." 그녀는 점심과 함께 먹으라며 약을 건넸다. 나는 약을 받아두고 수첩을 꺼냈다. 이제부터 아이리스의 이야기가 시작되려는 참이다.

아이리스는 남인도 첸나이 지방의 부유한 가정에서 자랐다. 그녀의 집은 카펫이 깔린 4층짜리 저택이었고 하인도 세 명이나 있었다. 그녀의 아버지는 UN에서 근무하며 존경받는 엔지니어였다. 그녀는 열심히 공부했다. 학부에서 동물학을 전공한 후 의대에 진학해 학위를 취득했다. 대학교에서는 배드민턴을 쳤고 동기 중에서 오토바이 면허를 딴 최초의 여학생이 되기도 했다. 그녀는 신나게 오토바이를 타고 다녔다. 대학 시절에는 스물다섯 명이나 되는 신랑 후보자들이 문 앞에 줄을 섰다고 한다. 잘 알려진 엔지니어의 딸이자 곧 의사가 될 아이리스를 신부로 맞이하고 싶어서였다.

인도에서는 정략 결혼이 일반적이다. 그러한 문화를 잘 아는 아이리스였지만 본인은 결혼 지참금을 낼 생각도 없으며, 그리스도인이 아니면 결혼하지 않겠다고 완강하게 고집을 부렸다. 다행히 부모님이 딸의 의견을 존중해 준 덕분에 스물다섯 명이나 되는 신랑 후보자들은 되돌아가야 했다. 대부분 아이리스의 기준에 맞지 않는 후보들이기도 했지만, 현관문 너머로 아이리스를 훔쳐 보고는 그녀가

"땅딸한 뚱보"(아이리스의 표현이다)라는 사실에 놀라서 돌아갔다는 것이 그녀의 설명이다. 아무리 의사라 해도 땅딸한 뚱보는 안 되겠다고 생각한 모양이라지만 그녀는 개의치 않았다. 의대를 다니며 열대의학을 전공했고 소아과에서는 학업 성적이 우수해 금메달을 받기도 했다.

그러던 1971년 R. A. C. 폴이라는 인도인 의사가 교회에서 그녀를 눈여겨보았다. 폴은 먼저 친구에게, 그러고는 부모님에게 아이리스가 오토바이 타는 모습이 특히 마음에 든다며 마음을 전했다. 수의학을 전공한 폴은 첸나이에서 1,300킬로미터 떨어진 오디샤 지방에서 부족민들에게 복음을 전하는 선교사였다. 아이리스는 부모님을 통해 자신도 폴에게 관심이 있다고 전했고, 그녀의 아버지는 오디샤를 방문하여 폴을 만나 보기로 했다.

그 당시에는 첸나이에서 말칸기리까지 가려면 비자그까지 기차를 타고 가서 거기서 지프차로 갈아탄 후 흙먼지길로 22시간을 더 달려야 했다. 불행히도 그녀 아버지의 오디샤 여행길에는 꼬박 하루가 더해졌다고 한다. 가는 길에 자동차 타이어가 터졌는데 마침 지나가는 차가 한 대도 없더란다. 그렇게 어찌어찌 말칸기리에 도착하니 폴이 도티(인도에서 남자들이 허리께에 두르는 천) 바람으로 초가집 앞에 서서 아버지를 맞이하더란다. 딸 가진 아버지의 입장에서는 안 될 일이었다. 아버지는 집에 돌아와 아이리스에게 폴은 안 된다고 못박았다. 저명한 엔지니어의 딸이 도티 차림으로 초가집에 사는 남자와 결혼한다는 건 있을 수 없는 일이었다.

그러는 사이 스물일곱, 스물여덟, 스물아홉 번째 신랑이 첸나이의 집으로 찾아왔다. 어느 누구도 아이리스의 마음에 들지 않았지만 여자인 그녀에게는 거절할 권한이 없었다. 그래서 이번에는 자신의 다리에 난 화상 자국을 두고 유난스럽게 행동했다. 그러자 남자들은 그녀에게 백반증이 있다고 믿고 모두 돌아가 버렸다. 1년이 흘렀다. 폴은 여전히 아이리스를 마음에 두고 있었다. 그는 아이리스의 아버지에게 다시 편지를 썼고, 둘은 마침내 1972년 1월 24일 첸나이에서 결혼식을 올렸다. 결혼을 일주일 앞두고서야 비로소 둘은 정식으로 만날 수 있었다.

"내 모습을 있는 그대로 좋아한다니 놀라웠죠!" 아이리스가 웃음을 터뜨렸다. "뚱뚱하고 볼품없는 나를 말이에요. 하긴 나도 까만 피부에 비쩍 마른 그가 좋았어요!"

나는 그녀를 따라 웃었다. 이른 아침이었고 차는 하이데라바드를 지나고 있었다. 차창 밖으로 환경 미화원들과 삼륜 택시들이 보였고 경적 소리가 요란했다. 차는 오디샤가 있는 북동쪽을 향해 달리고 있었다. 길에는 우리 말고도 오토바이들, 그 오토바이 사이를 비집고 다니는 닭과 원숭이들이 있었고 머리에 물동이와 빨랫감을 이고 가는 여자들이 있었다.

40년 전 막 이곳에 도착해 오디샤로 향했을 젊은 아이리스를 상상해 보았다. 그녀와 폴은 결혼 두 주 만인 2월 9일에 말칸기리로 떠났다. 그들이 탄 미니밴은 결혼 선물과 약, 의료장비 등으로 가득 차 있었다. 흙길로 27시간을 달려 말칸기리에 도착했다. 주변은 칠흑같은 어둠으로 덮여 있었다. 아이리스는 이전에 한 번도 시골마을에 가본 적이 없었다고 한다. 창밖으로 초가집들이 늘어선 것이 보였다. 전기도 아직 들어오지 않은 마을이었다. 차에서 내려 가장 먼저 눈에 들어온 것은 그녀가 살 집이었다. 집이 진흙으로 지은 움막이 아니라는 점, 변기가 있다는 점, 그 두 가지면 충분했다. 그들은 잠자리에 들었다.

다음 날 폴은 아침 일찍 일어나 등유 버너로 밥을 지어 놓고는 아이리스만 혼자 남겨두고 다른 마을로 일하러 갔다. 하나밖에 없는 자전거를 타고서 말이다. 잠에서 깬 아이리스는 집 밖으로 나왔다. 집 앞 거리에 부족민들이 모여 있었다. 아이리스는 그들에게 미소로 인사했다. 사리를 어깨 위로 끌어당겨 묶어 무릎을 드러내 놓은 여인들이 호기심 많은 얼굴로 아이리스를 살펴보고 있었다. 아직 오리야어를 배우기 전이었지만 그녀는 마을 사람들을 돕고 싶었다. 그곳은 의사가 없는 곳이었다. 그날 저녁, 아이리스는 일을 마치고 돌아온 폴에게 자신이 의사이며 마을을 돕고 싶어 한다는 사실을 부족민들에게 전해 달라고 부탁했다.

다음 날 아침 마을 사람들이 아이리스의 집 앞에 줄을 섰다. 줄이 어찌나 긴지 큰길가까지 이어졌다. 아이리스는 자리를 잡고 앉아 한 사람씩 진료하기 시작했다. 고열, 결핵, 피부병, 영양실조, 구루병,

질 감염…… 겨우 하루가 지났을 뿐인데 가져온 해열 진통제와 연고와 비타민제가 바닥이 났다. 둘째 날, 그녀는 가장 가까운 약국에 사람을 보내 약을 사오도록 했다. 버스로 7시간 거리의 제이포르에 있는 약국이었다.

"첫날부터 지치진 않았나요?" 내가 물었다.

"환자 보는 일을 원래 좋아했어요. 매일 아침부터 저녁까지 1년 내내 하루도 쉬지 않고 이어졌지요. 새벽 3시에 일어나 아침밥을 짓고 4시 반부터 환자를 본 날도 있으니까요. 옴이 오른 사람이 다음 날 깨끗이 낫는 기적을 경험하기도 했답니다! 하지만 물을 나르고 소똥을 바닥에 바르는 일은 힘들었어요. 내겐 끔찍한 일이었죠. 사흘에 한 번씩 소똥을 바닥에 발라야 했는데, 난 그 작업을 할 때마다 울었어요. 지독한 소똥 냄새가 손에서 떠날 날이 없었으니까요. 그런데 어느 날인가 하나님께서 이렇게 말씀하시더라고요. '나는 소똥 가운데서 태어났단다. 여물통에서 말이야.' 그 말씀을 듣고 나는 다시 힘을 냈어요."

두 달이 지났다. 그 사이 아이리스와 폴은 첸나이에서 가족용 오토바이를 가져왔다. 말칸기리에서 사용할 셈이었다. 덕분에 두 사람은 함께 이동할 수 있었고 더 먼 곳까지 갈 수 있게 되었다. 아이리스는 환자를 돌보고 폴은 마을 사람들과 앉아 그들의 이야기를 들어 주었다. 마을 사람들이 폴에게 수확량이 형편없다고 하면 폴은 엘리야의 기도 이야기를 들려 주었다. 또 가족 문제로 속을 썩이는 사람들에겐 용서에 대해 말해 주었다. 무거운 땔감 실어나르는 일을 힘들어 하는 이들에겐 무거운 짐 진 자들에게 예수님께서 하신 말씀을 전해 주었다. 사람들이 어떤 고민을 털어놓든 폴은 그들의 이야기를 듣고 성경 이야기를 들려 주며 격려했다. 마을 사람들은 폴이 들려 주는 이야기를 듣고 질문하기도 했다. 폴은 사람들과 계곡 물가에서, 들판에서, 그들이 판다라고 부르는 지푸라기 지붕 밑 그늘진 곳에서 이야기를 나누었다.

그 당시 말칸기리 지방에 사는 산탈 부족 중에는 기독교 신자들이 몇 있었다. 그들은 방글라데시 난민이었다. 하지만 본도 부족민 중에는 그리스도인이 단 한 명도 없었다. 폴은 이 부족을 향한 마음이 특별했다. 본도 부족은 정령을 믿는 사람들이었다. 이 마을에서는 누군가 병에 걸리면 주술사를 부르곤 했다. 그러면 주술사가 나뭇잎과 뼈다귀 등을 가져와서는 무아지경에 들어가 아픈 사람을 물어뜯고 침을 뱉으며 저주의 말을 퍼붓기 시작한다. 그러고는 쇠막대기가 시뻘개지도록 불에 달구었다가 이를 환자의 환부 위에 올리는 것이 그들의 치료법이었다. 안타깝게도 몇 주 후면 화상 부위에 괴저가 일어나기 마련이다. 그제서야 환자들은 아이리스를 찾아왔다.

그녀는 슬픈 얼굴로 말했다. "열이 나면 나보다 주술사를 먼저 찾는답니다. 문제가 커진 다음에야 주술사가 저지른 일을 수습해 달라고 나를 찾아오죠."

나는 고개를 끄덕였다. 차창 밖으로 지푸라기로 엮은 지붕들을 바라보며 다친 곳을 고쳐 주고 함께 기도하고 약을 지어 주며 신실하게 그들을 섬기는 아이리스의 모습을 떠올려 보았다. "결국 예수님을 믿게 된 부족민이 있었나요?"

"아니요, 그 부족에선 없었어요." 그녀가 대답했다. "방글라데시 이주민 중에는 몇 명 있었고요. 마을 사람들이 폴의 이야기에는 관심을 보이면서도 정작 신앙으로 이어지진 않더군요. 세례를 받겠다고 나서는 이가 한 명도 없었으니까요. 인도 선교사회에서는 매달 우리에게 우편으로 질문지를 보냈어요. 질의응답 형식의 보고서였죠. 얼마나 많은 부족 마을을 방문했는가? 몇 명에게 복음을 전했는가? 몇 명에게 세례를 주었는가? 우린 매달 그 보고서를 작성해야 했어요. 첫 두 질문은 괜찮아요. 하지만 마지막 두 질문에 대한 답은 변함이 없었죠. 무려 15년간 똑같았어요. 0명, 0명, 0명…… 단 한 달도 빼놓지 않고 말이에요."

아이리스는 책장을 넘기듯이 왼쪽에서 오른쪽으로 손가락을 움직이며 말했다. 나는 수첩에 받아 적으면서 그녀가 보냈을 선교보고서를 상상해 보았다. 15년, 그러니까 180개월 동안 연속으로 0명이라고 적어야 했던 아이리스와 폴을 말이다.

포기하고 싶진 않았을까? 첸나이로 돌아가 카펫이 깔린 4층짜리 집에서 하인 셋을 거느리며 집 근처에 의원을 열고 편히 살고 싶은 생각은 없었을까? 나라면 어떻게 했을지, 선교사회에 보내는 보고

서에 뭐라고 썼을지 생각하고 있을 즈음, 우리가 탄 지프차는 안드라프라데시 주의 캄맘을 지나고 있었다. 20년 전인 1993년, 대런과 내가 네팔로 가기 전에 머물면서 사역했던 곳이다. 우리는 어느새 아이리스의 이야기는 잊고 차에서 내려 사진을 찍기 시작했다. 우리가 살던 방, 구멍이 열두 개나 뚫린 지붕, 우리가 사역했던 소아마비 환자를 위한 시설, 우리가 앉아서 대화를 나누던 낡은 콘크리트 계단. 우리는 그 계단에 앉아 사역의 열매에 관해 끊임없이 의심하며 토론했고, 우리가 그곳에서 보내는 시간이 과연 효율적인지를 고민했었다.

다시 지프차에 올라타 달리다 보니 어느덧 정오가 되었다. 우리는 차를 세우고 노점에서 뜨거운 로티(인도식 빵)와 감자 커리를 주문했다. 매콤한 맛이 일품이었고 손가락을 타고 뚝뚝 떨어지는 커리 소스는 우리가 기억하던 바로 그 맛이었다. 차는 또다시 달렸다. 코타구뎀의 시장길을 지났다. 북쪽으로 올라갈수록 길은 좁아졌다. 도로 양 옆으로 논과 함께 목화밭, 황금빛 겨자밭이 펼쳐졌다. 우리는 계속 사진을 찍었다. 트럭들이 경적을 울리며 우리 차와 소가 끄는 낡은 나무수레들을 빠르게 추월해 갔다. 원숭이들은 나무에서 우리를 빼꼼히 쳐다보고 있었다.

지프차 기사가 속도를 늦추더니 겨자 묘목 밭 곁에 차를 세웠다. 그러더니 차에서 내려 겨자 묘목에 가까이 다가가 사진을 찍는 것이 아닌가? 아이리스는 그가 최근에 마태복음 13장을 읽었다고 설명해 주었다. 말칸기리에 있는 친구들에게 겨자나무가 어떻게 생겼는지 보여 주고 싶었던 모양이다. 그곳 사람들은 겨자나무를 본 적이 없다고 한다. 차로 돌아온 나는 성경을 꺼내 그 구절을 다시 읽었다. "[예수께서] 또 비유를 들어 이르시되 천국은 마치 사람이 자기 밭에 갖다 심은 겨자씨 한 알 같으니 이는 모든 씨보다 작은 것이로되 자란 후에는 풀보다 커서 나무가 되매 공중의 새들이 와서 그 가지에 깃들이느니라"(마 13:31-32).

그렇다. 정확하고 적절한 말씀이다. 그런데 겨자씨는 계속해서 자라야 한다. 새들이 날아와 깃들 수 있는 가지 많은 나무는 대체 어디에 있단 말인가?

나는 다시 아이리스에게 고개를 돌리고 이후의 이야기를 들려달라고 했다. 1986년, 그녀와 폴 사이에는 네 명의 자녀가 있었다. 위로는 첫째가 열세 살이고 밑으로는 막내가 9개월이었다. 그녀는 여전히 매일같이 환자들을 돌보았고 폴과 함께 그들의 삶과 신앙을 마을 사람들에게 나누었다. 두 사람은 신약을 본도 종족어로 번역하는 작업에 착수한 상태였다. 문어(文語)부터 먼저 시작했다. 그러나 월간 사역보고서에 기입하는 숫자는 여전히 0이었다. 폴은 이를 실패로 여겨 힘들어했다. 그 사이 가져온 돈은 다 쓰고 없었고 아이리스의 아버지가 준 선물도 바닥났으며 심지어 약품 구입비를 마련하기 위해 아이리스의 패물마저 팔아야 했다. 더이상 잃을 것이 없었고 새들이 와서 깃들 나무는 자랄 기미조차 보이지 않았다. 환자들의 상태는 점점 호전되었지만 아무도 예수님을 믿으려 하지 않았다. 이 사역을 계속해야 할까? 아니면 다른 일을 찾아야 할까?

나라면 진즉에 집으로 돌아갔을 것이라고 생각하며 나는 고개를 끄덕였다. 겨자 묘목 밭에 내리쬐던 햇빛이 점점 사라지더니 어느새 우리는 울창한 밀림 속으로 들어와 있었다. 아이리스는 최근 6년 동안, 특히 오디샤 지역에서 활발히 활동하는 반군에 대해 설명했다. 그들의 주된 공격 대상은 그리스도인이었다. 기독교에 대한 박해와 공격이 늘어났고 살인도 서슴지 않는 모양이었다. 최근에는 동료 선교사 하나가 현지인에게 강제로 개종을 시도했다는 누명을 쓰고 경찰서에 구류되기도 했다. 아이리스와 그녀의 아들이 경찰서를 찾아가 보석금을 주고 동료를 데려올 때까지 그의 아내와 서른 명의 쉼터 어린이들은 먹을 것도 없이 집 안에 갇혀 꼼짝도 하지 못했다고 한다.

나는 글씨를 알아볼 수 없을 정도로 어두워질 때까지 아이리스에게 질문했고 그녀의 이야기를 열심히 수첩에 받아 적었다. 그러는 사이 도로 사정은 더 나빠졌다. 구불거리고 덜컹거리는 도로 양쪽으로 나무들이 빼곡했고, 차들은 사방에서 우리를 향해 튀어나오는 것 같았다. 나는 '창문용' 쿠션이 머리와 창문 사이에서 빠져나가지 않도록 꽉 붙잡았지만 별 소용이 없었다. 아이리스가 문득 말칸기리 사람들이 단지 그녀가 그리스도인이라는 이유로 그녀의 집에 독사를 푼 적이 있다는 이야기를 했다. 듣자 하니 밀림에는 시커먼 회색곰이 살고 있고 매년 난폭한 곰의 공격에 부상당하는 사고가 발생한단다. 이 말을 한 아이리스는 잠깐 차를 세우고 볼일을 보러 가지 않겠느냐고 물었다. 나는 잠시 멈추고 생각했다. 그리고 물었다. "앞으로 얼마나 더 가야 하죠?" "다섯 시간 정도요." 그녀가 대답했다. 우리는 차에서 내려 밀림 속에 곰이나 뱀, 혹은 반군이 있지는 않은지 잘 살폈다. 아이리스는 어둑어둑한 곳을 가리켰다. 우리가 화장실로 사용할 곳이었다.

다시 차에 올라타니 이번에는 하이에나 이야기를 들려 주었다. 그 지역 하이에나의 키는 1.2미터나 된단다. 시계를 보니 막 저녁 7시를 지난 시간이었다. 반군은 주로 밤에 습격하여 돈을 요구한다고 했다. 차가 모퉁이를 돌 때마다 가슴이 요동쳤다. 그런데 저 앞에 한 무리의 사내들이 길을 가로막고 선 것이 아닌가. 우리에게 차를 세우라고 신호를 보냈다. 아이리스와 기사가 차에서 내려 우리가 누구인지 오리아어로 설명했다. 나는 쿠션을 꽉 붙들었다. 그 사내들은 아이리스와 기사의 설명에 납득이 가지 않는 듯한 표정을 지었다. 그들은 이것저것 물으며 차 트렁크에 실은 짐가방을 뒤지기 시작했다. 나는 얼른 수첩을 다른 쿠션 밑으로 밀어 넣었다. 도대체 이들은 누구일까? 왜 우리를 멈춰 세운 걸까? 우리에게 무엇을 하려는 거지? 경찰 제복을 입거나 경찰 배지를 달고 있는 것도 아니었다.

그 순간 나는 내가 그 자리가 아닌 다른 곳에 있었기를 간절히 바랐다. 아, 내가 왜 무리한 시도를 했을까? 아이리스가 맨 처음에 보낸 메일을 읽고 좀 더 진지하게 받아들일 것을……. 다른 루트를 택했더라면 얼마나 좋았을까? 아니면 아이리스를 그냥 하이데라바드에서 인터뷰할 수도 있었다. 편안히 호텔에 앉아서 말이다. 아니, 아이리스는 왜 하필 그 마을에 살고 있는 거지? 대도시 근처나 공항 근처의 마을들을 놔두고. 근방에도 지금 가려는 마을과 비슷한 마을들이 얼마나 많느냔 말이다. 그랬더라면 나는 지금 이 밀림 속 덜컹거리는 길을 달리며 '창문용' 쿠션을 꽉 붙들고 회색곰이나 반군을 만나는 상상을 하지 않아도 되었을 텐데.

얼마간 시간이 흐르자 나는 더이상 시간을 확인하지 않았다. 눈을 감고 두려움에 대해 언급한 시편 말씀을 모조리 기억하려고 애썼다. 그러면서 내가 그동안 이겨 낸 두려운 순간들을 일일이 떠올렸다. 그렇게 조용히 몇 시간이 흐르자 하나님은 비로소 내게 말씀하시는 것 같았다. "이 여정 중 네가 덜컹거리는 지프차와 울퉁불퉁한 돌길과 구불거리는 밀림 속 길, 그리고 끔찍한 공포를 경험하지 않았더라면 넌 이 이야기를 이해하지 못했을 것이다."

차는 예상보다 일찍 말칸기리에 도착했다. 방 안에도, 집 밖의 화장실에도 코브라는 없었다. 우리는 가슴을 쓸어내리고 잠자리에 들었다. 아침에 일어나 양동이로 물을 퍼서 샤워를 한 후 이들리(인도식 떡)와 토마토 커리로 아침을 먹었다. 아이리스는 그녀의 이야기를 계속 이어갔다.

말칸기리에서 사역한 지 15년이 되던 1986년, 폴이 심하게 아팠다. 신부전이 있어 1978년에 미국에 가서 신장 이식 수술을 받은 적이 있었는데, 1980년대 초반이 되자 상태가 악화되어 심장과 눈까지 문제가 생기기 시작했다. 폴은 또다시 수술을 받아야 했다. 1986년 아이리스와 폴, 그리고 그들의 어린 자녀 둘은 남부의 벨로르로 향했다. 9월 30일 아침, 아이리스는 소독제로 폴의 몸을 씻겨 주었다. 폴의 얼굴이 환해지는 듯하더니 그는 아이리스에게 다음 날이 되면 고통이 사라질 것이라고 자신했다. 그 말은 폴이 남긴 마지막 말이 되었다. 폴은 6시간 수술을 받는 도중 숨을 거두었다. 그는 마흔네 살이었다.

"멍해지더라고요." 아이리스가 말했다. "아이들이 어렸고 도저히 믿을 수 없었죠. 아이들에게 아빠의 죽음을 어떻게 전해야 할지도 모르고요. 폴이 세상을 떠날 줄 꿈에도 몰랐어요. 내가 혼자가 될 줄도요. 인도에서 미망인은 별종 취급을 받죠. 악령이 씌워 불운을 가져오는 집단으로요. 그런데 내가 미망인이 되다니요."

아이리스는 나를 쳐다보았다. 우리는 둘 다 울고 있었다. "그래서 어떻게 하셨어요?" 내가 물었다.

"모든 사람이 내게 첸나이에 남아서 개업을 하라고 했어요. '말칸기리로 돌아가면 안 돼요.' 모두 그렇게 말했죠."

폴이 세상을 떠난 지 아흐레가 되던 11월 9일, 아이리스와 그녀의 아이들은 미니밴을 타고 밀림을 지나 또다시 말칸기리로 향했다. 말칸기리에 도착하니 마을 사람들이 그들에게 모여들었다. 폴이 세상을 떠났다는 소식을 듣고 아이리스를 위로해 주고 싶어서였다. 그녀는 다시 진료를 시작했다.

그 모습을 본 마을 사람들이 이렇게 말하기 시작했다. "보세요. 아이리스는 우리를 진짜로 사랑한다니까요. 저렇게 돌아왔잖아요. 아이리스가 사랑한다는 하나님이 진짜임에 틀림없어요."

폴이 세상을 떠나고 반년도 되지 않아 36명의 부족민들이 아이리스에게 와서 세례를 부탁했다. 그들은 모두 폴의 이야기를 듣거나 아이리스에게 치료를 받은 사람들이었다. 그들 중 대부분은 말칸기리에서 30킬로미터 떨어진 부족 마을 곤굴라에 살고 있었다. 그중에는 기적적으로 병이 나은 이들도 있었다. 다섯 해 동안 아이가 생기지 않다가 아이리스가 기도하고 의학적 치료와 조언을 주자 아홉 달 만에 아이가 생긴 여성도 있었다. 36명 모두 성경 말씀을 오리야어로 읽고 싶어 했고 1987년에 세례를 받았다. 오늘날 그중 17명이 목사가 되어 인근 지역을 섬기고 있으며, 이제 말칸기리 지역 그리스도인의 수는 5천 명에 달한다고 한다.

나는 아이리스의 이야기를 수첩에 받아 적으며 비로소 우리의 지프차 여행이 이해되기 시작했다. 아이리스가 말칸기리에서 겪은 이야기는 인내에 관한 것이었다. 끈질기면서도 예측할 수 없는 주님의 사랑에 관한 것이었다. 우리는 이들리와 토마토 커리를 다 먹고 일어섰다. 아이리스는 내가 입은 사리의 옷매무새를 고쳐 주었다. 우리는 밖으로 나가 먼지 자욱한 흙길을 걸어 내려갔다. 아이리스가 사역하는 병원과 마을을 둘러보기 위해서였다.

아이리스와 그 자녀들이 말칸기리에 돌아온 1986년 말, 그 지역에는 이미 정부에서 고용한 의사 두어 명이 들어와 있었고 정부가 세운 병원도 있었다. 말칸기리의 시내에는 아스팔트 길이 깔렸고 인력거가 다녔으며 철판을 지붕으로 얹은 집들도 등장하기 시작했다. 하지만 부족민이 사는 마을에서는 여전히 의료나 교육 혜택을 찾아볼 수 없었다. 그래서 아이리스는 마을에서 더 많은 시간을 보내기로 했다. 백신을 도입하고 보건교육을 실시하고 문자를 가르치기로 했다.

간단한 일같이 들리겠지만 당시에는 냉장고가 없어 백신을 시원하게 보관할 방법이 없었다. 그래서 아이리스는 비자그에서부터 보냉병에 백신과 얼음을 담아 지프차로 실어나르기 시작했다. 가끔씩 큰아들 혼자 비자그까지 보내 백신을 가져오게 할 때도 있었다. 당시 큰아들의 나이는 열다섯이었고 비자그까지 왕복하려면 24시간이 꼬박 걸렸다. 그 다음 해에 아이리스는 리칭핸드소사이어티 Reaching Hand Society('도움의 손길회'로 번역할 수 있다)를 결성하고 EFI-COR Evangelical Fellowship of Inida Commission on Relief와 함께 일하기 시작했다. 두 단체는 아이들이 취약한 네 가지 질병인 백일해, 소아마비, 디프테리아, 파상풍을 대상으로 사역을 시작했다. 2년 동안 두 단체는 120곳의 마을을 방문하여 8,640명의 어린이들에게 백신을 접종했다. 그로부터 3년 후, 정부 자료에 따르면 소아마비 발병률은 10퍼센트에서 0퍼센트로, 백일해는 80퍼센트에서 5퍼센트로 줄어들었다.

나는 그 수치를 받아 적으며 여기에 동원된 백신과 보냉병이 얼마나 많았을지 상상해 보았다. 아이리스는 그녀가 만든 단체에서 진행한 문자교실 덕분에 부족민들이 돈 세는 방법을 배워 상인들에게 착취당하는 일도 줄어들었다고 말했다. 글을 깨친 마을 주민을 거의 찾기 힘든 시절이었다. 하지만 문자교실이 열린 지 불과 몇 년만에 그 지역의 식자율이 40퍼센트로 올랐다. 지금도 그 단체에서는 성경책을 교재로 하는 3개월 과정의 문자교실을 운영하고 있다. 여전히 많은 사람들이 이 교실을 통해 글자를 깨치며 동시에 예수님을 영접하고 있다.

"이것 말고도 어떤 사역을 하고 있나요?" 더이상 놀랄 것이 있겠나 싶은 마음으로 나는 물었다. 우리는 병원에서 나와 아이리스와 폴이 살던 옛 집을 보기 위해 흙먼지 자욱한 길을 따라 걷는 중이었다. 가는 길에 자전거 탄 아이들을 만났다. 오토바이들은 경적을 울리며 지나갔다. 그녀는 커다란 망고나무 한 그루를 가리켰다. 그녀가 40년 전에 씨앗을 심고 키운 나무라고 했다.

"우리는 보건교육에서 그치지 않고 사역을 확장시키기로 했어요. 급수와 관개에 관심이 생겼죠. 많은 마을이 이모작이 가능한데도 수원이 없거나 있어도 물 댈 방법을 몰라서 건기에 농사를 못 짓고 있는 거예요. 그래서 EFICOR에 요청해서 굴착기를 가져와 마을마다 중앙에 우물을 파달라고 했어요. EFICOR도 처음에는 굴착기 이동이 쉽지 않다는 이유로 거절했어요. 하지만 우리는 마을 회의를 열어 소유권 문제를 논의했어요. 마을 사람들이 강수량과 수질에 대한 평가를 내렸고요. 이후 10년간 우리가 마을마다 판 우물 수가 546개나 된답니다. 여자들이 물 길러 멀리 갈 필요가 없게 되었어요. 그 다음에는 관개와 작물 쪽으로 눈을 돌렸어요. EFICOR의 도움으로 말칸기리 지역에 작은 댐을 만들었어요. 마을 사람들이 건기에도 농사를 지을 수 있도록요. 결과는 성공적이었어요! 말칸기리에서 보통 곡물 네 가마 정도를 수확하던 밭이 댐이 건설된 첫 해에 마흔 가마나 수확했으니까요." 아이리스는 웃으며 말했다.

우리는 함께 옛 집의 사진을 찍었다. 1997년 국제월드비전으로부터 받은 상패도 붙어 있었다. 아이리스와 리칭핸드소사이어티의 기독교 사역을 기리는 로버트 W. 피어스 상이었다. 이 빨간 지프차는 그때 받은 상금으로 구입했다고 한다.

이후 10년 동안 부족민의 기독교 개종은 계속해서 늘어났고 기독교에 대한 박해도 마찬가지로 증가했다. 정부 입장에서 더이상 문맹이 아닌 부족민을 착취하기가 어려워진 것도 박해의 원인으로 본다고 아이리스는 말했다. 그러한 점이 권력자들에게는 위협이 되었으리라. 정부는 종교 관련 법령을 개정해 집행하기 시작했는데 특히 기독교 세례를 규제했다. 아이리스와 팀원들, 그리고 그 지역의 다른 그리스도인들은 누군가 세례를 받고자 요청하면 한층 더 조심스럽게 대응해야 했다. 많은 질문을 거쳐 3개월간 세례 교육을 실시했고, 그들에게 이 선택이 쉽지 않은 길임을 설명해야 했다. "공립학교에서 가르치는 일을 그만둬야 할 수도 있습니다. 땅 문서를 빼앗길 수도 있습니다. 카스트 하층민의 계급마저 잃을 수 있습니다. 게다가 세례를 받으려면 정부의 허가를 받아야 하는데 그 과정에서 당신의 이름과 가족의 정보를 경찰에 넘겨야 합니다. 세례를 받는다는 건 쉽지 않은 길입니다. 세례를 통해 당신이 얻을 수 있는 것은 예수 그리스도에 대한 믿음뿐입니다. 이런 일에 확신이 있어야 세례를 받을 수 있습니다."

한번은 한 청년이 세례를 요청해 왔다. 기독교를 심하게 반대하는 가족을 둔 청년이었다. 세례 당일 가족들은 차를 타고 떠나려는 그를 강제로 끌어내리고는 만일 세례를 받으면 죽이겠다고 위협했다. 그 청년은 차를 두고 뜨거운 뙤약볕 속을 6킬로미터나 걸어 세례식을 치를 강가에 도착했다.

강가에서 그를 만난 아이리스는 물었다. "이렇게까지 하는 이유가 뭔가요?"

그가 대답했다. "세례를 받고 싶으니까요. 예수님만이 유일한 길임을 알고 있습니다."

이는 성령님만 하실 수 있는 일임을 아이리스는 확신했다. 그 일로 청년은 살던 집을 잃고 말았다. 그는 마을 밖으로 나가 집을 다시 지었고 그 다음 해 그의 농사는 풍작이었다.

아이리스는 나를 쳐다보며 말했다. "박해나 고난을 지나고 나면 사람들이 성장하고 그에 따른 축복도 이어지는 것 같아요. 주변 사람들도 박해당한 자가 흔들리지 않고 신앙을 지키면서 오히려 예수님을 전하려는 모습을 보게 되죠. 그런 모습이 더 많은 사람들을 예수님께로 이끄나 봐요. 어떤 이들에게는 그에 따르는 유익이 보이기도 하고요. 많은 경우, 그리스도인이 된 가정을 보면 술도 끊고 폭력도 줄어든 걸 볼 수 있거든요. 사회 기여도가 높아지면서 전반적인 가치 상승이 이루어진다고 할까요."

우리는 이미 아이리스의 집으로 돌아와 차를 마시는 중이었다. "힘이 나는 이야기네요." 나는 말했다. "제게 인내에 관해 가르쳐 주셨어요. 진짜로 사랑한다는 게 무슨 뜻인지도요."

"그래요." 아이리스가 대답했다. "하지만 폴이 이런 것들을 보지 못하고 죽었다는 게 마음이 아파요. 자신의 사역이 실패했다고 생각하고 세상을 떠났으니까요. 나는 종종 이 마을에서 처음 배출된 17명의 목사님들을 떠올린답니다. 그분들은 현재 모두 인도선교사협회 소속으로 일하고 있어요. 이따금 그분들이 집례하는 성찬식에 참여하기도 해요. 믿기 어려운 일이죠. 그 앞에 무릎 꿇고 앉을 때면 그가 40년 전 우리가 알던 부족민이란 사실이 새삼 떠오른답니다. 읽지도 쓰지도 못했던 사람이 읽는 법을 배우고 예수님을 영접하고 목사 수련을 받아 지금 내가 참여하는 성찬식을 집례하는 중

"요즘 나의 가장 큰 과제
는 가만히 주가 하나님 되
심을 아는 것이랍니다."

이라니. 정말 대단한 일이에요."

"그럼 지금은요?" 나는 물었다. "지금 당면한 가장 어려운 일은요?"

아이리스는 자신의 손목과 다리를 가리켰다. 2011년 아이리스는 미끄러져 넘어지면서 손목과 왼발이 부러지고 가벼운 뇌 손상을 입었다. 하이데라바드에서 1년, 둘째 아들이 사는 텍사스에서 손주들을 돌보며 6개월을 더 보내며 회복의 시간을 가져야 했다.

"어려운 시간이었어요." 그녀가 말했다. "내 나이가 벌써 예순여덟인데다가 내가 원래 아픈 걸 잘 못 참거든요. 아픈 건 그렇게 못 견디겠더라고요. 덕분에 지금은 똑바로 걷지 못하게 되었죠. 말칸기리에서 보낸 옛 시절이 떠올라요. 비를 맞으며 이 마을 저 마을로 다섯 시간씩 걸어다니다가 발에 물집이 잡히곤 했죠. 그때도 절뚝거렸죠. 지금도 절뚝거리고요. 이게 좀 나아지면 좋을 텐데요. 제대로 걸으면서 일도 계속하고 말칸기리의 환자들도 만나고요. 하지만 하나님은 그때나 지금이나 제게 똑같은 말씀을 주신답니다. '나는 너를 위해 못질을 견뎌냈단다.' 그래서 난 계속 걸어요.

이제는 알겠어요. 이 사역을 가족에게 넘겨 주고, 중요한 결정은 이제 그 단체의 리더가 된 아들의 몫으로 넘겨야 한다는 걸요. 이제는 아들 부부가 의료사역 캠프, 문자교육, 여름성경학교, 청소년 수련회, 교도소 사역에 대한 결정을 내려요. 더이상 내 손을 거치지 않아요. 하지만 이 사역을 시작하고 이끌었던 사람이 나였던지라 쉽지는 않네요. 이제는 애들의 결정에 따라야 한다는 사실이요. 이런 게 내겐 큰 도전거리랍니다. 하지만 주님은 그 사이 외과의사처럼 내 안의 많은 부분을 수술해 주셨어요. 주의 은혜가 무엇인지 알려 주셨죠. 그동안 나는 참으로 많은 실수를 저질렀고 지금도 배우는 중이에요. 요즘 나의 가장 큰 과제는 가만히 주가 하나님 되심을 아는 것이랍니다."

다음 날 우리는 또다시 빨간 지프차를 타고 길고도 구불구불한 길을 열 시간이나 달려 비자그에 도착했다. 대런과 나는 그곳에서 아이리스를 꼭 안으며 작별인사를 했다. 공항에 앉아 인도 차를 마시면서 TV에서 흘러나오는 인도 뉴스를 보았다. 아나운서는 라훌 간디(인도의 정치인)가 선거 유세 중이지만 후보자로 선정되지 못할 것이라고 말하고 있었다.

나는 수첩을 훑어 보며 아이리스가 들려 준 이야기를 다시 읽었다. 그녀가 말칸기리에서 보낸 시절과 나무로 자라난 씨앗에 대해 한참 동안 생각했다. 그 씨앗은 자라서 공중의 새들이 와서 깃들일 수 있는 가지 많은 나무가 되었다. 그녀는 계속 걷는다. 모두가 첸나이에 머물라고 권할 때에도, 마음이 무너져내렸을 때에도 그녀는 말칸기리로 돌아갔다. 마침내 사람들이 그녀의 마음을 알아보았다. 그리고 반응했다. 이제는 내 인내심을 돌아볼 차례다. 지금, 나는 무엇을 인내하고 있는가? 우리 모두는 가족으로서, 공동체로서 무엇을 인내하고 있는가? 혹은 누구를 참아 주고 있는가? 시간이 지나면 누군가는 이렇게 말할 날이 올까? "보세요. 저 사람은 우리를 진짜로 사랑한다니까요. 저렇게 돌아왔잖아요. 저 사람이 사랑한다는 하나님이 진짜임에 틀림없어요."

나는 수첩을 덮었다. 비자그에서 아이리스와 작별할 때 그녀가 내게 마지막으로 건넨 말이 떠올랐다. "벌써 40년이 흘렀다니 믿기지 않아요. 할 수만 있다면 다시 시작해 보고 싶어요."

새 노래로 여호와께 노래하라.
온 땅이여 여호와께 노래할지어다……
그의 영광을 백성들 가운데에, 그의 기이한
행적을 만민 가운데에 선포할지어다.
시편 96:1, 3

그들의 마음을 울리는 선율

존과 수의 이야기

인도에서 아이리스를 만난 후, 대런과 내가 만날 다음 사람은 파키스탄에서 사역하는 존과 수였다. 그들 부부와 네 자녀는 파키스탄 남부 도시인 미르푸르카스에서 25년째 사역 중이었다. 파키스탄의 전통 음악, 연극, 춤 등을 이용해 복음을 전파하는 이들이라는 소식에 나는 귀가 솔깃해져 얼른 만나고 싶었다. 의료, 교육, 비즈니스가 아닌 다른 달란트를 가지고 사역하는 인터서브 파트너를 만난다고 생각하니 가슴이 뛰었다. '그래, 하나님께서 우리 안에 심으신 예술성과 창의성이 어떻게 사용되는지 드디어 볼 수 있겠군!'

동시에 의문이 생겼다. 현지의 노래와 연극과 춤을 이용해 힌두교도와 함께 어울리며 사역을 한다고? 그것도 미국인 선교사가? 당장에 발리우드(인도의 영화 산업) 영화의 장면들이 떠올랐다. 반짝거리고 화려한 샬와르 카미즈(인도나 파키스탄의 의복)를 입은 배우들이 인도 음악 특유의 경쾌한 리듬에 맞춰 노래하며 춤추는 장면 말이다.

그런데 안타깝게도 우리는 파키스탄으로 출발하기 사흘 전에 일정을 취소해야 했다. 우리가 신청한 파키스탄 관광비자 발급이 늦어져서였다. 노래와 춤으로 사역하는 이야기를 들을 기회를 놓쳐 못내 아쉬웠지만, 한편으론 마음이 놓인 것도 사실이었다. 여러모로 보았을 때 파키스탄이 인도보다 훨씬 더 위험한 지역 같아서였다. 뉴스를 보면 자살폭탄 테러가 늘상 일어나고 서양인들이 납치되는 곳이 아닌가.

그럼에도 나는 여전히 존과 수의 이야기가 궁금했다. 그래서 그로부터 석 달 뒤, 두 사람이 강의 일정으로 뉴질랜드를 방문한다는 소식을 듣자마자 지체없이 뉴질랜드 행 비행기를 예약했다. 오클랜드라면 시드니에서 세 시간이면 날아갈 수 있는 거리인 데다가 호주인은 무비자로 뉴질랜드 방문이 가능했다. 게다가 뉴질랜드에서 테러 공격이 있었다는 소식은 들은 바 없으니 말이다.

그 다음 주 우리는 오클랜드에서 만났다. 안락한 거실에 앉아서였다. 화분과 양초로 꾸며진 그 거실은 인터서브 뉴질랜드 대표의 집이었다. 현관에서 신을 벗고 들어가 악수를 나누었다. 가만히 보니 존과 수 두 사람 모두 샬와르 카미즈를 입고 있지 않았다. 이곳은 오클랜드이니 그럴 수밖에. 그래도 어쩐지 두 사람에게 샬와르 카미즈가 참 잘 어울리겠다는 생각이 들었다. 존이 기른 콧수염이나 수가 길게 늘어뜨린 은 귀걸이 때문에 그런 생각이 들었을까? 어쩌면 존의 억양이 미국인 같지 않고 인도 영화에서 보는 배우 같아서였는지도 모른다.

존은 1959년 펀자브에서 태어났다. 부모는 선교사요 복음전도자로 파키스탄에서 55년 동안 섬긴 분들이었다. 형 마이크에 이어 둘째 아들로 태어난 존 밑으로는 여동생이 셋 있었다. 이들 다섯 남매는 파키스탄 북부 산악지역에 위치한 머리기독교학교를 다녔다. 그러다가 존이 열두 살 되던 해, 부모님은 남쪽에 위치한 신드 주로 이사했는데 그곳은 파키스탄의 힌두교 지역이었다.

신드로 이사를 간 후 존은 부모님과 떨어져 머리기독교학교에서 기숙사 생활을 시작했다. 방학 때만 신드로 돌아가 부모님과 함께 지낼 수 있었다. 고등학교 졸업 후 존은 파키스탄을 떠나 미국으로 돌아가 역사를 전공했다. 3학년이 되자 교환학생을 신청하여 이스라엘로 떠났다. 그곳에서 3학년을 마친 후 1년 휴학계를 내고 신드의 부족 마을로 들어갔다. 부족민들과 마을에서 함께 생활하면서 그들의 언어와 문화를 배우고 싶어서였다.

대학 졸업 후에는 풀러신학교에 입학해 신학을 공부했다. 풀러신학교는 존이 인도의 푸네에 있는 신학교에서 1년간 공부할 수 있도록 허락해 주었다. 이 기간 동안 그는 현지교회들을 찾아다니며 인도의 음악과 춤을 배웠고 최대한 다양한 문화 공연을 보러 다녔다.

1986년 존은 파키스탄으로 돌아갔다. 라호르 지역에서 무슬림 파키스탄 가족과 살면서 우르두어를 공부했다. 1987년부터는 장로교 선교회에서 수습 선교사 생활을 시작하면서 파키스탄 북부 지역에서 450명의 소년들을 수용할 수 있는 대규모 기숙형 쉼터를 운영했다. 듣기만 해도 얼마나 바쁘게 살았는지 알 것 같았다.

수가 파키스탄에 도착한 것도 그해였다. YWAM 소속 3개월 단기 선교사 신분이었다. 미국에서 자란 수는 태국의 캄보디아 난민 캠프에서 일한 경험과 통가와 중국으로 단기선교를 다녀온 적이 있었다. 마침 수가 속한 YWAM 팀의 통역을 존이 맡게 되었고, 팀으로 많은 시간을 함께 보내면서 둘은 자연스럽게 가까워졌고 금세 마음이 통했다. 3개월이 순식간에 지나 어느새 이틀 뒤면 수는 파키스탄을 떠나야 했다.

존은 수에게 파키스탄에 남아 서로를 더 알아 가는 시간을 갖자고 제안했다. 이에 대해 수가 즉각 보인 반응은 이랬단다. "그럴 순 없어요. 남자 하나 때문에 그런 결정을 하다뇨!" 이어서 그녀는 덧붙였다. "그렇지만 한번 기도는 해볼게요." 존은 수와 헤어지고 싶지 않았지만, 수는 파키스탄을 향한 부르심에 확신이 서지 않았다. 파키스탄보다 동남아시아로 향하는 마음이 더 큰 것 같았다.

"제가 존이랑 결혼해서 파키스탄에 남는다는 건요," 수가 내게 설명했다. "저 역시 부르심이 확실할 때 가능한 일이었어요. 남편의 부르심만 보고는 그곳에 살 수 없다는 걸 저 자신이 잘 알고 있었거든요. 그래서 그곳이 주님이 제게 허락하신 땅이 맞는지 확인하고 싶었어요."

존이 아이디어를 냈다. 존은 다음 날 세 시간 동안 버스를 타고 가면서 단 둘이서만 대화하는 시간을 갖자고 수에게 제안했다. 파키스탄은 이성교제를 엄격하게 규제하는 국가이기에 그동안 둘만 따로 시간을 보낸다는 건 상상할 수 없는 일이었다. 수는 존의 제안에 동의했고 두 사람은 함께 버스에 올라 각자의 가정환경과 성장 배경, 그동안 지나온 믿음의 여정, 사역에 대한 비전, 심지어 미래의 자녀 계획까지 서로가 가지고 있는 생각을 나누었다. 쉼터로 돌아올 때쯤 둘은 이미 뭔가 통하는 것이 있음을 느꼈다. 그날 저녁, 같이 지내던 네덜란드 친구가 수에게 전하길, 항공사에서 연락이 왔는데 수의 항공권에 문제가 생겨 다음 날 출국을 할 수 없게 되었다고 했다. 그 말은 듣자마자 수와 존 두 사람은 웃음을 터뜨렸다! 마치 주님이 확인도장을 찍어 주시는 것 같았다.

사실 존에게 나눈 적은 없었지만, 수는 만일 존이 주님의 뜻에 합하는 배필이고, 그래서 그녀가 파키스탄에 남는 것이 맞다면, 먼저 네 가지 기도제목에 답을 달라고 구하고 있었다. 먼저 파키스탄 사람들을 향한 마음과 그곳에서 그녀가 할 수 있는 분명한 일, 함께 생활할 파키스탄 가족, 그리고 그녀에게 조언해 줄 수 있는 영적 멘토가 그것이었다. 그날 저녁부터 24시간이 채 지나기 전에 그중 세

가지에 대한 응답을 받았다! 하지만 파키스탄 사람들을 향한 마음이 생기는 것은 시간이 필요한 일이었다. 어쨌든 수는 파키스탄에 남기로 결정했고, 그해 11월에 존과 결혼했다.

두 사람은 결혼식을 세 번이나 올렸다고 한다. 이처럼 멋지고 단단히 맺어진 부부의 연도 없으리라. 한 번은 펀자브에서, 한 번은 미국에서, 마지막은 신드에서였다. 세 번의 결혼식을 모두 마친 다음 존과 수는 신드로 집을 옮겼다. 그곳에서 힌두 부족 소년들을 위한 기숙학교를 시작했다. 그리스도인이 된 가정의 자녀들을 위한 학교였다. 시작할 때는 잘 몰랐지만 나중에 존은 그 사역을 대단히 좋아하게 되었다. 아이들과 함께 생활하면서 가까이에서 그들의 믿음이 성장하도록 도울 수 있었기 때문이다. 일찍부터 그는 아이들에게 음악을 가르치기 시작했다. 음악 이야기가 나오니 그의 눈동자에서 빛이 났다.

"하나님은 우리에게 재능을 주시고 그 재능대로 우리를 사용하시는 분입니다." 존이 설명했다. "제가 농구를 잘했더라면 쉼터 소년들도 농구를 배웠겠죠. 그런데 제가 음악을 좋아하니 아이들도 음악을 배우게 되더군요."

존의 가족은 모두 음악에 소질이 있었다. 파키스탄에서 자란 어린 시절, 저녁이면 그의 가족은 항상 둥그렇게 둘러앉아 함께 노래를 불렀다. 존은 형인 마이크와 함께 듀엣곡을 부르기도 했다. 마이크의 목소리는 우렁찼다. 머리기독교학교에 다니던 시절에는 바이올린을 배웠다. 그러다가 7학년 때 바이올린 선생님이 떠나는 바람에 피아노도 배우게 되었다. 알고 보니 그는 소리만 듣고도 바로 연주가 가능한 청음 실력을 가지고 있었다.

"제가 음악적 재능을 본격적으로 갈고닦은 곳은 인도였습니다. 인도에서 음악을 배우던 때가 참 행복했죠." 존은 웃으며 말했다. "그곳에서 라가라는 인도 음악을 처음 접했는데, 라가에 반한 저는 다양한 인도 문화와 음악에 둘러싸여 지냈답니다. 최고의 스승들에게 음악을 배우면서요. 안타깝게도 파키스탄엔 그런 게 없어요. 파키스탄 사람들도 음악을 좋아하고 항상 노래와 연주를 즐기지만, 인도처럼 음악을 가르칠 정도로 발달하진 않았습니다. 반면에 인도에선 배우고 싶은 분야를 마음껏 배울 수 있었죠. 그것도 최고의 스승들에게 말입니다."

들어 보니 그 라가라는 것이 뭔가 대단히 흥미로운 것 같았다. 하지만 실제로 곡조를 들어 본 적도 없고 인도 음악에 대한 사전 지식이 전혀 없던 나는 아쉬울 따름이었다. 그러자 존은 다른 방으로 가더니 인도의 소형 하모늄을 들고 나와 거실 바닥에 자리를 잡고 앉았다. 그는 하모늄을 연주하면서 노래를 부르기 시작했다. 존은 내게 다섯 개의 음을 들려 주며 라가에는 정해진 5음계에 장식음이 덧붙여져 선율이 만들어진다고 설명했다. 그렇게 만들어진 선율에 맞춰 연주가들이 즉흥적으로 연주를 함으로써 하나의 라가로 인정을 받는단다. 서양 음악으로는 설명할 수 없는 부분이라는 말도 덧붙였다. 나도 그쯤 해서 뭔가 아는 척하며 맞장구를 치고 싶었지만, 음악에는 문외한인지라 그가 연주하는 라가가 듣기에 좋다는 말밖에는 달리 할 말이 생각나지 않았다. 인도에서 버스를 타고 안드라프라데시 지방을 지날 때 스피커에서 흘러나오던 요란한 힌디 노래들이 생각날 뿐이었다.

"선교에 대한 이런 오해들이 있는 것 같습니다. 타문화권 사람들을 사랑하는 마음만으로 충분하다고요. 마치 할 일을 다한 것처럼 말이죠." 존이 말했다. "하지만 정말로 현지인의 마음을 열고 싶다면 그들의 방식으로 접근해야 합니다. 파키스탄에선 그게 음악입니다. 음악이 그들의 마음을 여는 언어거든요. 1년간 시골 마을에서 현지인들과 함께 지내면서 그들이 얼마나 음악과 춤을 좋아하는지 알게 되었습니다. 파키스탄 사람들은 말로 표현 못할 것을 노래로 표현하거든요. 예를 들어, 우리가 지금 파키스탄인들에게 다가가 '우상을 버리라'고 말한다면 당장에 쫓겨날 겁니다. 하지만 이런 게 노래로는 가능해요. 그 말에 파키스탄 식의 곡조를 붙여 노래로 전달하면 사람들이 마음을 열고 귀를 기울이기 때문입니다."

토속 음악은 쉼터 사역을 할 때부터 작곡하기 시작했다고 한다. 존과 수가 그곳에 살던 첫 해, 쉼터 아이들이 존에게 와서 매년 성탄절이면 연극 공연을 해왔다고 말했다. 존은 그 말을 듣고 우르두어로 된 대본과 노래를 찾아보았지만 마음에 드는 것을 찾을 수 없었다. 그래서 결심했다. '차라리 내가 직접 써 보자.' 이것이 계기가 되어 그는 세 시간짜리 성탄 연극 대본을 쓰고 그에 맞는 토속 음악을 직접 작곡했다. 인도에서 배운 것을 활용할 기회였다. 존에게는 첫 도전이었다. 아이들과 가족들의 반응은 매우 좋았다. 이후로 존은 계속 대본을 쓰고 작곡하는 일을 계속했다. 현지교회에서 연주자로 섬기는 파키스탄인 샘슨과 팀을 이루었다. 샘슨은 신드 문화의 음악과 예술을 통해 다른 이들을 섬기는 것을 비전으로 가지고 있었다. 두 사람은 성경 이야기를 노래로 만들어 가르치는 일을 시작했다. 생명과 죽음과 결혼 등과 같은 문제를 다루는 노래도 만들었는데 주로 교창식 기법을 활용했다.

인도와 네팔에서 결혼식에 참석해 본 적이 있기에 나는 당시의 모습을 쉽게 그릴 수 있었다. 존과 샘슨의 사역은 아마도 결혼식장에서 시작되지 않았을까? 하모늄, 북, 심벌즈 같은 악기들이 동원된 신나는 연주. 그리고 최고의 샬와르 카미즈 차림에 노래 부르고 춤추는 사람들.

"사실 장례식부터 시작했습니다." 존이 말했다. "장례식은 사람들이 삶의 의미를 되새기는 엄숙한 시간이잖아요. 천국이 과연 있는지, 있다면 어떻게 가는지, 그런 것들 말입니다. 그런 면에서 사람들이 복음에 마음을 여는 곳이 오히려 장례식장이 되기도 한답니다."

존은 선교사들이 선교지에 와서 본국에서 경험했던 방식을 고수하려는 경향을 보인다고 지적했다. 본국에서 통했던 방식이 익숙하기 때문이다. 실제로 우리는 종종 현지인들을 우리처럼 만들려고 노력할 때가 있다. 그 과정에서 불필요한 장벽이 생기고, 그 결과 우리가 진짜 전달하고자 하는 복음이 전해지지 못하고 막히는 일이 일어난다. 외국인에게 예배하는 법을 배워 외국식으로 예배하는 현지인들이 오히려 자국민에게 영향을 끼치지 못하는 것이 사실이다. 존의 아버지 프레더릭은 그런 방식으로 복음을 전하는 것이 현지인들에게 통하지 않음을 일찌감치 깨닫고, 그들이 자기의 전통 종교와 문화 안에서 어떻게 진리와 영의 세계를 배우고 접하는지를 연구하기 시작했다.

프레더릭은 바크티 운동이라고 불리는 힌두 사상을 공부했다. 바크티 운동은 신드의 힌두교도들이 받아들인 가르침이다. 바크티 운동은 예배를 통해 윤회의 순환 고리로 들어가 그 안에서 덕을 쌓으면 카스트 신분이 높아지고 자유의 경지에 이를 수 있다고 가르친다. 그런데 이 운동을 주도하는 스승이나 지도자들은 대부분 가수였다. 그들은 음악으로 교리를 가르쳤다. 어느 힌두 집회를 가든 바잔이라는 찬가를 들을 수 있는데 장례식에서 특히 그러하다. 장례식장에서는 바잔이 밤새도록 연주된다. 죽은 자가 환생할 때 최소한 사람으로 다시 태어나기를 기원하는 마음으로 밤새 예배를 드려 덕을 쌓는 것이다.

존은 거기까지 얘기하더니 다시 노래를 부르기 시작했다. 그러자 수가 이어서 얘기했다. 파키스탄 부족민 사역에서 가장 큰 어려움은 그들이 듣기에 약하다는 점이라고 했다. 설교자가 아무리 유창한 부족어로 설교를 해도 부족민들은 기껏해야 5분 정도 집중하고는 어느새 큰 소리로 닭이나 물소 따위에 관한 잡담을 늘어놓는다. 그도 아니면 잠이 든다. 하지만 찬가라면 얘기가 달라진다. 바크티 운동의 가르침과 음악에 대한 애정 덕분에 찬가라면 밤새도록 들을 수 있다고 한다.

파키스탄에서는 누군가 세상을 떠나면 애도 기간을 많게는 보름이나 잡는다. 그 15일 동안 매일 저녁 8시부터 밤 2시까지 예배 의식이 이어진다. 힌두교 지도자들이 돌아가면서 두 곡씩 부르는 게 보통이다. 밤에는 4개의 조가 4교대로 돌아가며 담당하는데 정해진 라가와 리듬, 주제에 따라 연주해야 한다.

존과 샘슨은 신드 지방 힌두교도들이 특히 좋아하는 라가를 활용하기로 했다. 노랫말에는 복음을 담았다. 두 사람은 4개 조의 특성에 맞는 곡을 만들고자 고심을 거듭했다. 한밤중 어느 때라도 노래를 부르라는 요청을 받으면 불러야 하기 때문이었다. 밤새도록 이어지는 장례식에서 첫 번째 조는 저녁 8시부터 밤 12시까지 지킨다. 이때는 주로 신들을 찬양하는 노래를 부른다. 그래서 존과 샘슨은 예수님에 관한 곡을 만들었다.

두 번째 조는 밤 2시까지 지키는데 이때 부르는 노래는 박자가 독특하다. 듣는 이들로 하여금 인생이 짧고 일시적임을 상기시키기 위함이다. 그래서 이번에는 이 땅이 아닌 천국에 보화를 쌓아야 한다는 내용의 노래를 만들었다. 또한 우리의 죄성과 구원의 필요성에 대해서도 담았다.

세 번째 조가 지키는 새벽 4시까지는 슬픈 노래가 주를 이룬다. 세상의 불공평함에 대해 노래하기 때문이다. 그래서 세 번째 조를 위해서는 죄 가운데 있는 우리 인생, 그리고 하나님 없이 사는 인생에 대한 내용과 더불어 예수님께서 우리를 위해 당하신 고난과 죽음에 관한 내용으로 노래를 만들었다.

해가 뜰 때까지 지키는 것은 네 번째 조의 몫이다. 이때는 노래들이 한결 가벼워진다. 여기에는 힌두교도들이 좋아하는 신인 크리슈나가 등장한다. 크리슈나는 관능적이고 장난을 좋아하는 신으로 알려져 있다. 그래서 존과 샘슨은 하나님의 신실하심과 예수님의 부활에 관련된 가사에 즐거운 가락을 붙여 만들었다.

장례식 연주를 하던 초창기, 무리 뒤편에서 이들의 연주를 지켜보던 한 힌두교도 남성이 있었다. 그는 이들의 음악에 완전히 심취한 듯 보였는데 가사 한 마디 한 마디를 놓치지 않고 새겨듣는 것 같았다. 연주가 끝나고 그 남성은 이들을 찾아와 자기 마을에도 초상이 났으니 와서 연주를 해달라고 부탁했다.

이를 시작으로 장례식에서 연주해 달라는 초청이 쇄도하기 시작했다. 개중에는 기독교 가족도 있었지만 대부분 힌두교도 가족들이었다. 두 사람은 점차 결혼식에서 여자들이 부르는 노래나 결혼식이나 아기 작명식처럼 잔치의 무도회에서 부르는 노래도 만들기 시

"정말로 현지인의 마음을 열고 싶다면 그들의 방식으로 접근해야 합니다.
파키스탄에선 그것이 음악입니다."

작했다. 파키스탄의 문화와 의식 속에 복음이 스며들게 할 목적이었다. 이들은 점점 더 많은 행사에 초청을 받았다. 하나님께서 주신 은사를 백분 활용해 파키스탄의 전통을 거스르지 않는 신선한 곡조를 통해 복음의 메시지를 전달하는 사역이 시작된 것이다. 급기야는 감당할 수 없을 정도로 연주 예약이 늘어나기에 이르렀다.

이들은 여기서 멈추지 않고 일곱 개의 다른 부족에서 그리스도인이 된 부족민들을 초청해 워크숍을 열었다. 이를 통해 각 부족마다 행하는 장례 방식, 혼인 절차, 아기 작명식의 특성과 차이점을 자세히 연구할 수 있었다. 그리고 그러한 의식과 행사가 우상숭배를 위한 것인지, 아니면 전해 내려오는 관습에 의한 형식에 불과한 것인지를 분석했다. 미신이나 우상숭배에 근간을 둔 의식인 경우에는 새로운 방식을 제안해 대체할 필요가 있었지만 결혼식과 관련된 의식은 주로 재미와 즐거움을 위한 것들이었다.

한번은 젊은 새 신자의 아버지가 돌아가셔서 그 장례식에 초대되었다. 큰아버지 되는 사람이 나서서 힌두교식으로 장례식을 치르려 하자 새 신자인 청년이 자리에서 벌떡 일어나 자랑스럽게 외치더란다. "우리에겐 우리 방식이 따로 있어요!' 그러고는 기독교식 장례식이 어떤 건지 손수 보여 주었다. 가족의 어른들 앞에서 기독교 방식을 소개한 청년의 용기에 팀은 큰 힘을 얻었다고 한다.

당시 샘은 AVC^Audio Visual Centre라는 시청각센터에서 일하고 있었다. 각 교회의 전도와 제자양육 사역에 필요한 자원을 공급하기 위해 뉴질랜드 선교사가 시작한 곳이었다. 존이 샘슨의 사역을 도와 함께 일한 지는 벌써 10년이 되었고, 그 사이 기숙형 쉼터도 계속 운영하고 있었다. 그러다가 쉼터 운영 10년이 되던 1998년(존과 수의 자녀는 벌써 네 명이 되었다), 존은 샘슨과 함께 AVC 사역에 전념하기로 했다. 당시 파키스탄은 마을마다 음악 사역의 기회가 넘쳐났다. 샘슨과 존은 20명의 전임 가수, 연주자, 무용가들을 고용했다. 그중 두 명을 제외한 나머지는 모두 쉼터 출신의 아이들로서 그동안 존에게 꾸준히 훈련받은 친구들이었다.

"정말 쉬지 않고 노랫말을 만들고 곡을 쓰고 연주를 하러 다녔습니다." 존이 설명했다. "결혼식, 장례식 할 것 없이 다양한 행사에 초청되었지요. 그렇게 오래 사역하면서도 한 번도 제가 직접 레코딩을 한 적은 없었습니다. 저 자신을 솔로 가수로 여긴 적이 없었거든요. 항상 저보다 노래를 잘하는 형이 있었으니까요. 쉼터 아이들을 위해 공연을 할 때조차 저는 혼자 노래를 부른 적이 없었습니다. 합창은 했지만요."

나는 하모늄 옆에 앉아 여전히 노래를 흥얼거리고 있는 존을 물끄러미 쳐다보았다. 그리고 궁금해졌다. 은사는 도대체 어떻게 발견되고 어떻게 사역으로 발전되는 걸까? 무슨 일이 계기가 되어 혼자 노래를 부르겠다고 결심했을까? 인터넷에 올라와 있는 저 수많은 뮤직 비디오는 언제 제작한 걸까? 언제부터 솔로 가수로 나서게 된 거지?

내 궁금증에 대한 답은 비극이었다. 2002년 존의 형 마이크가 익사 사고로 세상을 떠났다. 당시 마이크는 마흔다섯이었고 그 역시 인터서브 선교사로 파키스탄에서 섬기고 있었다. 그에게는 아내 니키와 두 명의 자녀가 있었고, 그들은 파키스탄에서도 특히 어려운 지역에서 섬기고 있었다. 마이크의 목소리는 여전히 우렁찼고 수영 실력도 뛰어났다. 그런 그가 신드의 호수에 빠져 죽은 것이다. 다른 인터서브 선교사의 딸을 구하다가 일어난 일이었다. 아이는 살았지만 마이크는 숨을 거두고 말았다. 당시 수와 존은 안식년을 맞이해 미국에서 지내는 중이었고 존의 부모님도 미국에 가 있었다.

"믿을 수 없었습니다." 존은 눈물이 그렁그렁한 채 비보를 접했던 당시에 대해 들려 주었다. "형은 마흔다섯의 건강한 사람이었습니다. 형과 니키 형수는 파키스탄에서 가장 험한 지역에서 사역하고 있었죠. 아무도 가고 싶어 하지 않던 곳이었죠."

존은 거기서 잠시 말을 멈추었다. 그의 고통이 내게도 전해졌다. "어쩌면 저는 그냥 막연하게 하나님의 사람들은 하나님께서 무조건 지켜 주시겠거니 생각했던 것 같습니다. 모든 면에서요. 흔히 말하듯 하나님의 뜻 안에 있으면 나쁜 일은 전혀 일어나지 않을 거라고 말입니다."

마이크는 파키스탄 땅에 묻혔다. 존은 장례식을 치르러 신드로 돌아왔다가 남은 안식년 기간을 채우기 위해 다시 수와 아이들이 있는 미국으로 돌아갔다. 마음은 말할 수 없이 공허했고 입을 열어도 무슨 말을 해야 할지 몰랐다. 나는 그 고통스러운 이야기를 오클랜드에 있는 안락한 거실에 앉아서 들었다. 존의 심정이 어땠을지를 생각하니 피터가 생각났다. 뭐든지, 심지어 잠자리에서 일어나는 것조차 견디기 어려울 정도로 고통스러웠던 그때가 떠올랐다.

"그로부터 여섯 달 동안 저는 아무 일도 하지 못했습니다." 존이 말했다.

"결국은 안식년 기간을 연장하고 미국에 남았습니다. 그것도 모자라 한 번 더 연장했고요. 이번에는 더 길게 연장해야 했습니다. 그전에는 안식년 연장이란 걸 생각해 본 적도 없었습니다. 마음이 약한 이들이나 그렇게 한다고 여겼죠. 그랬던 제가 안식년이 끝났는데도 돌아가지 못하겠더군요. 제가 약한 사람이 된 겁니다. 복귀하는 걸 생각만 해도 견딜 수 없었습니다. 게다가 오랫동안 떨치지 못한 의문 때문에 몹시 괴로웠습니다. 왜 하나님은 형이 죽도록 내버려두셨을까? 왜 살려주시지 않았을까? 형은 착한 사람인데, 하나님의 일을 하는 사람인데, 다른 사람도 아니고 왜 형에게 하나님이 그러셨을까?"

존은 말을 멈추었다. 더이상을 말을 잇지 못하는 것 같았다. "그렇게 한참이 흐른 후 저는 비로소 '왜'라는 질문의 답을 구하는 일을 그만두고 제 전부를 하나님께 맡길 수 있었습니다. 주님은 그런 일들을 받아들이는 저의 자세와 제게 남겨진 날들을 어떻게 살아야 할지에 더욱 초점을 맞추고 살아야 한다는 걸 가르쳐 주셨습니다."

존과 수가 파키스탄으로 복귀한 2001년, 두 가지 새로운 사역이 시작되었다. 첫째, 존이 찬양을 녹음하기 시작했다. 영어와 우르두어 두 언어로 진행되었다. 그리고 마침내 솔로 가수가 되었다. 형의 일로 일말의 위기감을 느낀 덕분이었다. 언젠가 세상을 떠나기 전에 받은 은사를 사랑하는 이들에게 남겨 주고 싶다는 마음이 생긴 것이다.

둘째, 존과 수는 새로운 프로젝트에 착수했다. 시골 사람들을 훈련하는 일이었는데 그곳에 들어가 함께 살면서 성경을 가르치고, 예배하고, 새로운 노래를 가르치고, 함께 배우면서 보건교육과 문자교육을 병행하는 프로젝트였다. 이 일은 훗날 VOP^{Village Outreach Programme}라는 마을 지원 프로그램으로 발전했다. 이 사역의 주된 목적은 제자양육이었다.

"사람들의 인생에 좀 더 체계적으로 다가갈 수 있는 일을 하고 싶었습니다. 여섯 달에 한 번씩 마을을 방문해서 잠깐 만나는 일 말고요. 마침 우리는 우리가 관여하는 모든 사역을 하나로 통합해 진행할 수 있는 기회를 찾는 중이었습니다."

사역은 급성장했다. AVC 시청각센터는 계속해서 문서 자료를 보급했고 마을마다 다니며 노래를 통해 복음 전하는 사역을 이어 갔다. 실제로 많은 이들이 예수님을 영접했고 세례 받기를 희망했다. 마을 사람들은 한 달에 한 번씩 훈련을 받으러 왔다. 2012년이 되자 존과 수가 쓴 곡은 노래 200곡, 댄스 음악 40곡에 달했다. 모두 단순한 노랫말을 담고 있었고 서로 다른 여덟 개의 부족어로 쓰였다. 그해 존의 팀이 출장을 나간 행사는 결혼식 40회, 작명식 15회, 장례식 25회(장례식은 한 번에 보름이 걸린다), 추도식 48회, 예배 35회, 기타 행사 21회나 되었다.

나는 그 숫자를 죄다 수첩에 받아적었다. 이들의 공연을 보며 노래와 춤을 통해 말씀을 전해 들었을 수만 명을 생각하니 저절로 미소가 떠올랐다. 어느 결혼식에서 존은 고용된 연주자들이 대중가요를 부르기 전에 먼저 나와서 찬양곡을 불러 달라는 요청을 받았다. 존은 네 시간이나 찬양곡을 불렀다. 그 노래를 통해 신랑신부에게 결혼에 담긴 성경적 의미를 가르쳤다. 나중에 힌두교 요리사 한 명이 AVC 직원에게 이렇게 말했다고 한다. "나는 맨 처음에 등장한 가수가 제일 좋아요. 하나님을 찬양하는 노래를 할 뿐 아니라 새로 결혼하는 이들에게 성경을 이용해 좋은 조언을 해주잖아요. 난 저렇게 하는 사람은 처음 봐요!"

모든 일이 순조로웠다. 같은 해 300명이 넘는 이들이 세례를 받았고 정기적으로 예배당에 나와 예배 드리는 이는 2천 명이 넘었다. 그해 말 사역의 규모가 너무 커지자 존의 팀은 20명의 마을 사람들을 추가로 고용하여(기존 직원 수에 합하니 총 55명이었다) 신드 지역 전역에 걸쳐 있는 165개 마을로 사역을 확장하기로 했다.

그뿐 아니라 2012년 말, AVC 팀은 최초로 정식 DVD 앨범을 낼 수 있었다. 우르두어로 된 뮤직 비디오였다. 레코딩과 제작에 꼬박 1년이 걸렸다. 400명의 가수, 연주자, 배우들이 동원되었다. 참여한 가수 중에는 유명한 무슬림 가수도 포함되어 있었다. 존과 샘슨이 무슬림 가수와 일한다는 소식을 들은 사람들 중에는 어떻게 선교 사가 제작하는 DVD에 무슬림 가수를 출연시키냐며 비난하는 이 들도 있었다. 하지만 존과 샘슨의 생각은 달랐다. 유명한 기독교 가 수 중에도 술과 여자를 좋아하고 사생활이 시끄러운 이들이 있잖은 가? 그보다 중요하게는, 더 많은 사람들이 그 DVD를 구매할 수 있 도록 잘 알려진 가수를 활용할 뿐이었다. 더 많은 이들이 복음을 접 할 수 있게 하기 위해서였다.

존은 그 앨범에 참여한 무슬림 가수 한 명의 이야기를 들려 주 었다. 살라후딘 칸이라는 뛰어난 가수였다. 녹음실에서 첫 곡 녹음 에 들어가니 그는 프로답게 꼼꼼하고 신중하게 레코딩에 임했다. 거 기까지는 괜찮았다. 그런데 두 번째 곡을 녹음하려는데 살라후딘이 허둥거리기 시작했다. 느린 곡조로 예수님의 고난과 죽음을 노래하 는 노랫말이 담긴 곡이었다. 존은 비교적 쉬운 노래를 부르는 데 쩔 쩔매는 살라후딘을 보며 이상히 여겼다. 대체 무슨 일인지 알아 보 려고 부스에 가까이 다가가니 살라후딘이 작은 의자에 걸터앉아 하 염없이 눈물을 흘리고 있는 것이 아닌가?

"왜 그러십니까? 무슨 문제라도 있습니까?" 존이 물었다.

"노랫말 때문이에요." 살라후딘이 대답했다. "이 노랫말이 여기를 때리지 뭡니까!" 살라후딘은 눈물범벅이 되어 손으로 자신의 가슴을 쾅쾅 치며 말했다. "예수가 우리를 위해 죽기를 선택했다잖아요. 안 그래도 될 분이 말입니다!"

DVD 발표회장에서 살라후딘 칸은 2천 명의 사람들 앞에 섰다. 그는 자신이 이 노래를 녹음하면서 흐느껴 울었음을 사람들 앞에서 인정하고 그 이유를 설명했다. 이후 수년이 흐른 지금 그 비디오는 유튜브 조회수가 18,500회를 넘어섰다. 수많은 이란인과 사우디아라비아인들이 이 비디오를 보았고 이 노래는 한동안 파키스탄 전역에서 울려퍼졌다.

"와아," 나는 그 엄청난 수치에 감탄했다. "방해 세력은 없었나요?"

초창기에는 힌두 지도자들의 거센 반발이 있었다. 존과 그의 팀은 힌두교식 장례식에 참석하여 다른 힌두 가수들과 함께 번갈아가며 노래를 부르기도 했다. 힌두 가수들은 주로 인도에서 건너온 옛 노래를 불렀는데 산스크리트어로 된 노랫말 때문에 사람들에게 어렵게만 들렸다. 반면 존의 팀은 현지 스타일의 노래이지만 참신한 곡조를 사용했고 가사도 현대어로 썼다. 사람들은 힌두 가수가 등장해 노래를 부르면 지루해하거나 꾸벅꾸벅 졸기까지 했지만, AVC 가수들 차례가 되면 졸던 이들도 일어나 자세를 고쳐 앉았고 뒤쪽에서 잡담하며 돌아다니던 젊은이들도 조용히 앞자리로 나와 음악을 듣기 시작했다. 상황이 이러니 힌두 가수들 입장에서는 불쾌할 수밖에 없었을 것이다.

존은 웃으며 말했다. "예수님 시대에도 이렇지 않았을까요? 바리새인의 가르침을 들으러 오는 이들은 점점 줄어든 반면에 갈릴리 출신의 목수를 따르는 이들은 늘어난 것처럼 말입니다."

실제로 힌두 지도자들의 압력에 의해 AVC 가수들이 강제로 무대에서 쫓겨나는 일도 있었다. 심지어 마을을 떠나야 한 적도 있었다. AVC에서 일하던 혈기왕성한 젊은이들 몇몇은 화가 나서 맞서 싸우려 들었다. 하지만 샘슨 목사는 그리스도인이 이러한 상황 속에서 할 수 있는 건 사랑하고 인내하는 것밖에 없다며 그들을 다독였다. 그래서 팀은 무대에서 내려와 조용히 앉아서 다른 힌두 가수들이 AVC 팀의 장비와 악기를 마음대로 쓰면서 공연하는 것을 밤새 지켜봐야 했다.

마을 사람들이 웅성거리는 소리가 들렸다. "보셨소? 우리 종교 지도자들이 그리스도인들을 얼마나 험하게 대했는지. 저 사람들은 어찌 맞서 싸우지도 않는 거요? 이제 우리 마을엔 이 가수들 말고 기독교 가수들만 오면 좋겠소."

2010년과 2011년, 끔찍한 홍수가 파키스탄을 덮쳤다. AVC로선 힌두 지도자들에게 하나님의 사랑과 용서를 보여 줄 절호의 기회가 되었다. 샘슨은 아주 지혜로웠다. 종교 지도자들을 찾아가 AVC가 재난 당한 마을을 돌며 구호물품을 전달하겠다고 제안한 것이다. 시간이 흐르자 도리어 종교 지도자들이 샘슨을 찾아와 도와줘서 고맙다고 인사를 했다. 그 사건 이후 AVC 사역은 큰 방해 없이 순탄하게 이어졌다.

좋은 열매를 맺은 사역이었다. 나는 잠시 수첩을 내려놓고 존의 연주를 경청했다. 그는 여전히 하모늄을 연주하는 중이었다. 나는 물었다. "앞으로 또 새로운 사역을 시작한다면 어떤 일을 하고 싶으세요?"

어쩌면 나는 이미 미르푸르카스 지역에서 25년째 사역 중인 그가 현지인에게 사역 이양을 계획하고 있는지, 아니면 지금처럼 계속해서 직접 사역을 할 것인지가 궁금했던 것 같다.

"신드 지역에만 40여 개의 부족이 있습니다." 존이 말했다. "그중 자기 부족 언어로 제작된 복음성가와 전도 자료를 가진 데는 여덟 부족뿐입니다. 덕분에 그곳에는 수백 명의 신자들이 생기기는 했지만, 여전히 자기 언어로 찬양을 부를 수 없는 부족이 서른셋이나 남은 걸요. 부족마다 언어가 다르고 자기만의 음악이나 라가 양식이 있습니다. 그래서 당분간은 할 일이 없다는 소리는 나오지 않을 지역이죠. 자기 언어로 여성들을 위한 결혼식 곡을 부를 수 있는 부족도 겨우 셋에 불과하고요. 올해 저희는 거기에 두 가지 부족어를 더 추가할 셈입니다. 노래를 만드는 중이에요. 그러면 여성들을 위한 결혼식 곡을 자기 언어로 부를 수 있는 부족이 다섯 부족으로 늘어나겠지요."

"다른 사람들의 도움이 필요하신가요?" 나는 물었다. "만일 누군가 이 사역에 동참하고 싶다면 어떻게 해야 하나요?"

존은 도움은 언제나 필요하다고 설명하면서 특히 기술과 행정 분야에서 그렇다고 답했다. 뮤지션인 그는 레코딩과 제작에 필요한 기술적인 부분을 어느 정도는 알고 있다. 하지만 그 분야는 그의 전공이 아니다. 지금 팀에는 보다 전문적인 기술 지원이 필요하다.

"돕는 사람들이 많이 오나요?" 내가 물었다.

"그렇진 않아요." 그가 한숨을 내쉬었다. "여기는 파키스탄이잖아요. 바깥에 있는 사람들은 언론을 통해서만 이 나라의 소식을 접하다 보니 그것이 이 나라에서 일어나는 일의 전부라고 생각하기 쉽습니다. 사실 그런 사건에 영향을 받고 살아가는 파키스탄인은 거의 없어요. 그저 주어진 하루를 살아갈 뿐이죠. 여느 때처럼 쇼핑하고 직장에 가고 자녀들을 학교에 데려다주면서요. 하지만 서구 사회에 있는 우리는 지구 반대편에서 보면 우리가 사는 곳도 마찬가지라는 걸 잘 깨닫지 못하는 경향이 있어요. 우리가 잘 아는 파키스탄인 친구가 있는데 그 친구는 절대로 미국에 가지 않겠다고 다짐을 해요. 뉴욕이 테러 공격을 받고 고등학교에서 총기 난사 사고가 일어난다면서요."

수는 고개를 끄덕였다. 다른 사람은 둘째치더라도 그녀의 친오빠부터 정기적으로 전화를 걸어 그녀가 지금 하고 있는 일이 틀렸다며 돌아오라고 설득하려 든단다. 어떻게 파키스탄에서 아이들을 키우느냐? 아이들 생각은 안 하느냐? 어떻게 아이들을 강제로 그런 곳에서 살게 할 수 있느냐?

수는 잠시 말을 멈추더니 미소 지으며 말했다. "파키스탄은 우리 아이들이 성장하기에 더할 나위 없이 좋은 곳이랍니다. 아이들도 파키스탄을 좋아하고요. 파키스탄이 아닌 다른 곳에서 자라는 건 싫다고 할 정도예요. 벌써 몇몇은 어른이 되어 파키스탄으로 돌아와 이 땅을 섬기기로 결심까지 한 걸요. 솔직히 부모 입장에서 아이를 안정적이고 신실한 그리스도인으로 키우기엔 파키스탄보다 미국이 더 힘든 곳 같아요."

수와 존의 아이들은 현재 각각 열다섯, 열여덟, 스물둘, 스물네 살이다. 두 아이는 머리기독교학교를 졸업하고 대학에 진학하기 전에 신드에서 갭이어gap year(대학 진학을 1년 미루고 다양한 봉사 활동이나 사회 경험을 통해 인생의 방향이나 진로를 점검하는 시간)를 가지면서 음악 사역을 돕고 현지 학교에서 아이들을 가르치는 일을 하고 있다. 수역시 파키스탄이 그리 안전한 곳이 아니며 언제든 정치적 소요가 일어날 수 있음을 인정했다. 경찰들이 길을 통제하는 바람에 카라치(신드의 주도)에 갈 일이 있어도 못 가는 일도 종종 일어난다. 데모가 있거나 안전을 위협하는 다른 상황이 발생해서 마을 주민을 위한 훈련 일정도 연기해야 할 때도 있다. 그렇다. 안전 문제는 항상 신경 쓰고 조심해야 한다.

"굳이 어리석은 행동을 할 필요는 없겠지요." 수가 말했다. "하지만 우리가 어디에 살든 안전이 완전히 보장된다고 할 순 없어요. 성경은 '세상 끝까지 가서 복음을 전하라. 위험한 곳만 빼고'라고 말하지 않았어요. 오히려 예수님은 우리더러 육체를 해하려 하는 자들을 두려워하지 말라고 말씀하셨어요. 누군가를 두려워해야 한다면 우리의 육체와 영혼 모두를 지옥으로 보낼 수 있는 권한을 가지신 주님을 두려워해야죠."

수는 우리가 앉은 주변을 둘러보고는 창밖을 내다보았다. 우리가 현재 있는 이곳이 서구 세계임을 재차 확인이라도 하듯이 말이다. "서구 사회에서 살아가는 사람들을 보면요," 그녀가 입을 열었다. "노상 안전 타령이에요. 육체가 다치는 것을 극도로 두려워하거든요. 그런데 이상하게도 우리의 영을 파괴시킬 요소들이 사방에 도사리고 있는데 그 점에 대해선 다들 별로 두려워하지 않아요. 왜 영혼이 다치는 것에 대해선 겁을 먹지 않는 걸까요? 그렇다면 어느 쪽이 더 위험한 지역일까요?"

나는 그녀의 말에 동의했다. 반드시 파키스탄에 가서 그들이 살아가는 모습을 보고 싶다는 마음이 들었다. 그런 기회가 찾아오려나? "이곳에서 오랜 시간을 보내면서 깨달은 가장 중요한 것이 있다면요? 나눠 주시겠어요?" 내가 물었다.

존이 대답했다. "세상 어디를 가든 그곳 사람들에게 통하는 무언가가 반드시 있습니다. 우리는 그게 뭔지를 찾아야 합니다. 파키스탄에선, 그리고 저희에겐 그것이 음악이었습니다. 라가에 단순한 노랫말을 붙여서 만든 노래 말입니다. 그걸 잘 활용한 덕분에 효과가 좋았어요. 하지만 이걸 다른 곳에 적용할 순 없습니다. 각 지역마다 그곳에 맞는 것을 찾아내야죠. 그것만 찾으면 사람들이 귀를 기울이기 시작하거든요."

우리는 햄과 살라미를 넣은 뉴질랜드 잡곡빵에 샐러드를 곁들여 늦은 점심을 먹었다. 나는 점심을 먹으며 혹시 네팔에서도 이와 비슷한 기회가 있었던 건 아닐까 하는 생각을 했다. 다양한 상황 속에 녹아들 수 있는 선율을 찾는 일 말이다. 네팔에서 음악 사역을 하는 이가 있었던가? 이번 호주에서는 이를 어떻게 적용할지 곰곰이 생각해 보았다. 내 나라에서 내 나라 사람들에게 통하는 것은 뭘까? 어쩌면 호주는 그 답을 찾기에 더 어려운 곳일는지도 모른다. 하지만 포기하지 않고 계속 고민할 문제다.

나는 안전과 안정의 의미, 이 땅에서 내게 남은 시간, 그리고 사랑하는 이들에게 남기고 떠날 나의 은사는 무엇인지 생각해 보았다.

그러므로 너희는 가서 모든 족속으로 제자를 삼아
아버지와 아들과 성령의 이름으로 세례를 베풀고
내가 너희에게 분부한 모든 것을 지키게 하라.
볼지어다, 내가 세상 끝날까지 너희와 항상 함께 있으리라.
마태복음 28:19-20

어디에 있든지

팀과 레이첼의 이야기

2014년 7월, 이제 열번 째 그러니까 마지막 이야기만 남겨 놓고 있었다. 짜릿했다. 해외 선교사 생활을 마치고 귀국하여 고국에서 타문화 사역을 하고 있다는 부부를 인터뷰할 차례였다. 나는 두꺼운 겨울옷은 호주에 남겨둔 채 북반구의 여름을 만끽할 수 있는 런던으로 향했다. 어찌어찌하여 오핑턴에서 기차를 타고 무사히 빅토리아에 도착한 후, 다시 빅토리아에서 옥스포드 행 버스를 타고 헤딩턴역에서 내려서 중심가를 따라 걸어 내려갔다. 근사한 기분이 들었다. 곧장 카메라를 꺼내들고 사진부터 찍었다. 길 양옆으로 가파른 갈색 지붕과 작은 굴뚝을 얹은 하얀 집들이 줄지어 섰는데, 집집마다 창틀이 화단으로 꾸며져 있었다.

팀과 레이첼의 집도 이 중 하나라고 했겠다. 이제 저 앞의 모퉁이
만 돌면 된다. 마침내 당도하고 보니 대단히 옛스러운 영국식 집이
다. 내가 과연 제대로 찾은 걸까? 비슈케크의 맨홀이나 오디샤의 밀
림과는 달라도 너무 다른 광경이었다. 그래서 혹시나 하는 마음에
섣불리 초인종을 누르지 않고 현관 쪽으로 난 창문을 통해 안을 슬
쩍 들여다보았다. 그랬더니 낙타 그림의 쿠션과 파키스탄의 카펫이
보이는 게 아닌가. 제대로 찾았구나 싶어 다시 현관문 앞으로 돌아
와 들뜬 마음으로 초인종을 눌렀다.

팀과 레이첼이 맞아주었다. 두 사람은 여름옷을 걸치고 있었는데
50대로 짐작되는 다정한 이들이었다. 그들은 나를 보자마자 환하게
웃으며 반겨 주었고, 마침 그 집 거실에 와 있는 친구와 친척들에게
나를 소개했다. 레이첼의 억양이 영국인인 나의 숙모 억양과 어쩌나
흡사한지 어쩌면 곧 케이크를 먹게 될 것 같은 기분이 들었다. 그리
고 곧 레이첼이 정말로 케이크를 내왔다.

케이크와 함께 연신 차를 마시며 나는 팀과 레이첼에게 그들이
지내온 이야기를 듣고 싶다고 했다. 막연히 그들의 이야기가 파키스
탄에서 보낸 15년에서 시작해 이후 2년간 요르단에서 사역한 이야
기를 거쳐 지금 옥스포드에서 하는 유학생 사역으로 이어지겠거니
했다. 하지만 놀랍게도 진짜 이야기가 시작되는 지점은 두 사람이
열여덟 살이 되던 해였다. 그때는 두 사람이 만나기도 전이다.

1978년 팀은 고등학교를 마치고 대학에 진학하기 전에 파키스탄에서 봉사활동을 하며 진로를 준비하는 갭이어gap year를 보내기로 했다. 라호르의 교회를 섬기는 일이었다. 당시만 해도 파키스탄에서 갭이어를 보낸다는 것은 대단히 생소한 일이었다. 하지만 팀은 어쩐지 해외에서 갭이어를 보내야겠다는 마음이 들었고 인터서브의 도움으로 파키스탄으로 갈 수 있었다.

"꼭 해볼 만한 일입니다." 그는 말했다. "누구든 선교에 비전이 있다면 최대한 어릴 때 타문화 경험을 하는 것이 좋다고 생각합니다. 저도 그 경험을 통해 무슬림에게 깊은 인상을 받았고 파키스탄을 사랑하게 되었으니까요."

같은 시기, 레이첼 역시 테니스 연맹전에 출전하며 갭이어를 보낼 계획이었다. 당시 두 사람은 전혀 모르는 사이였다. 그런데 그녀의 경기 파트너가 갑작스레 출전을 취소하는 바람에 그녀는 오엠(OM)의 단기 선교사로 9개월 간 벨기에와 인도에서 지내게 되었다. 레이첼 역시 그 시간을 통해 파키스탄을 향한 마음이 생겨 우르두어를 배우기 시작했다.

"너무 오래 기다리다 보면요," 그녀가 말했다. "직장이나 결혼이나 가족이나 주택 담보 대출 같은 것에 신경 쓰기 시작하고 그러다간 곧 선교지로 나갈 수 없는 천 가지 이유가 생기곤 하죠. 그렇기 때문에 선교에 대한 마음이 생겼다면 일찍부터 개발하고 발전시킬 필요가 있어요. 우리 주변에서 일어나는 모든 일은 선교를 향한 우리의 마음을 거스르는 방향으로 일어나거든요."

둘은 그렇게 각각 다른 방법으로 갭이어를 보낸 후, 팀은 대학에 입학하여 자연과학을 전공했고 레이첼은 체육과 신학을 공부했다. 팀은 선교사로 나가기 전 2년 동안 사회생활을 하며 세상 경험을 쌓기로 했다. 그는 일부러 파키스탄인이 많은 직장이나 주변에 파키스탄인들이 많이 사는 동네를 찾았다. 그리고 계속해서 우르두어를 배우면서 무슬림 세계를 위해 기도하는 모임을 시작했다. 레이첼은 옥스포드의 유학생 중에서 가장 먼저 교회 사역을 시작했다.

마침내 팀과 레이첼이 만나게 되었다. 1984년 옥스포드에서였다. 팀이 오토바이 사고로 다친 팔목 수술을 받느라 옥스포드에 와 있을 때였다. 회복 기간 중 알게 된 팀과 레이첼은 첫 만남에서 두 시간이나 대화를 나누었다고 한다. 둘 다 파키스탄에 마음이 있었고 우르두어를 공부하고 있었다. 겨우 두 시간이 지났을 뿐인데도 둘은 서로가 배우자임을 알아보았다고 한다. 이듬해 두 사람은 진짜로 결혼식을 올렸다! 1988년 2월, 그 사이 올네이션스 크리스천 칼리지에서 공부를 마치고 첫 아들도 낳은 두 사람은 파키스탄으로 떠났다. 당시 두 사람의 나이는 20대 중반이었고 뭐든지 할 준비가 되어 있었다. 미래의 가능성을 향한 패기와 열정으로 가득했다.

이후 15년 동안 팀은 오픈신학교에서 파키스탄인을 대상으로 사역했다. TEE Theological Education Extension 프로그램을 사용해 현지교회가 제자양육을 하도록 돕는 동시에 수천 명의 현지 그리스도인들을 훈련했다. 인턴 선교사로 시작한 팀은 현지에서 직접 선교를 배웠다. 현지인들과 함께 일할 수 있는 좋은 기회였다. 시간이 흐른 뒤 그는 TEE 교재를 파키스탄의 상황에 맞추어 개발하는 작업을 했는데, 이 교재는 다른 여러 나라에서도 제자훈련에 활용되었다.

그러는 사이 레이첼은 시간제로 라호르의 기독학생운동에 참여했다. 파키스탄 학생들이 대부분이었지만 케냐, 가나 같은 아프리카에서 온 친구들도 있었다. 모두들 상대적으로 저렴한 비용으로 영어 교육을 받을 수 있다는 점에 끌려 온 이들이었다. 아프리카에서 온 학생들은 파키스탄 전에는 무슬림 국가에 가 본 적이 없는 경우가 많았기에 공항에 처음 도착하자마자 왜 사람들이 잠옷을 입고 다니는지 의아해하는 등 문화 차이를 크게 느꼈다.

레이첼과 팀은 유학생들을 위한 친목의 밤을 주최하기 시작했다. 가족 같은 분위기에서 함께 성경공부도 하고 저녁식사도 하는 모임이었다. "꿀통에 모여드는 꿀벌들 같았어요." 레이첼이 말했다. "모두들 빠지지 않고 열심이었어요. 우리도 어찌나 신나던지 전혀 사역처럼 느껴지지 않았죠. 우리 아이들도 그 시간을 기다렸고요. 아프리카 학생들에게 스와힐리어로 된 노래를 배워서 함께 불렀어요." 이 유학생 모임은 8년이나 지속되었다.

둘째와 셋째 아이가 태어날 즈음, 팀과 레이첼은 이미 파키스탄 문화 안에 잘 정착해 언어도 유창하게 구사하고 현지인들과의 관계도 좋았다. 현지 사회에 잘 녹아든 덕분에 현지인 친구들에게 특히 많은 사랑을 받으며 지냈다. 돌아보면 그들이 파키스탄에서 그렇게 잘 지낼 수 있었던 건 현지인들과의 우정 덕분이었는지 모른다. 이 다섯 명의 가족은 오토바이 한 대에 몽땅 끼어타고 돌아다니거나 파키스탄 북부에서 캠핑하고, 또는 바닷가에 가서 거북이 등에 올라타는 것을 행복으로 여기며 지냈다.

하지만 마냥 좋기만 한 것은 아니었다. 한꺼번에 155마리의 바퀴벌레를 죽여야 하는 날도 있었다. 현지인들이 자꾸만 금전적으로 의지해서 관계가 어려워지는 경우도 있었다. 언제나 주기만 할 수 있는 건 아니기 때문이었다. 그러나 1991년에 발발한 걸프전 중에는 집주인이 친절하게도 집 뒤편으로 외부 계단을 따로 설치해 주어 위층에 사는 이웃을 만나기 위해 건물 밖으로 들락거리지 않아도 되었다. 그 기간 동안 이웃들은 팀의 가족에게 먹을 것을 가져다주었고 덕분에 이들은 바깥으로 자물쇠를 걸어잠그고 집 안에서 숨어 지낼 수 있었다. 약 10년 후 2002년에는 인도와 파키스탄의 관계가 악화되면서 어마어마한 수의 군부대가 국경에 집결하는 일이 일어났다. 외국 단체나 회사들은 소속된 외국인들더러 파키스탄을 떠날 것을 종용했다.

같은 해 6월, 팀과 레이첼은 집주인의 딸 결혼식에 초대받았다. 밤 10시쯤 잔치에 가려고 막 집을 나서려는데 누군가 현관문을 두드렸다. 세 명의 사내가 문 앞에 서 있었다. 거실에 들어와 앉는가 싶더니 한 남자가 순식간에 총을 꺼내들고는 팀의 손을 뒤로 묶었다. 그리고 팀을 끌고 레이첼이 있는 곳으로 갔다. 레이첼은 마침 통화 중이었다. 팀은 몸짓으로 레이첼더러 수화기를 내려놓으라는 신호를 보냈다. 그 자들이 레이첼이 경찰에 신고한다고 오해할까 봐였다.

순간 총알이 발사되었고 찬장에 박혔다. 실제 상황이었다. 그들은 돈을 요구했다. 팀이 돈을 숨기고 있다고 여기는 것 같았다. "정말로 가진 돈이 없습니다"라고 팀이 말하자 그들은 만약 거짓말로 들통나면 어떻게 하겠느냐고 협박했다. 팀은 만일 그렇다면 총으로 쏴도 된다고 말했다. 사내들은 집을 샅샅이 뒤졌지만 기대했던 돈뭉치는 찾지 못했다. 결국 물건 몇 가지만 챙기고는 경찰에 알렸다간 가만 두지 않겠다는 협박을 남기고 떠났다. 레이첼은 바로 팀의 결박을 풀고 신용카드 회사에 전화를 걸어 카드 사용정지를 신청했다. 그러고도 두 사람은 결혼식에 갔다!

그해 여름은 유난히 힘들었다. 여기서 끝나지 않고 더 기가 막힌 일들이 벌어졌다. 다음 달에는 신드 지역에 사는 마이크가 익사하는 비극적인 사건이 일어났다. 존의 친형이었다. 파키스탄의 모든 선교사들이 다같이 무릎 꿇고 동료 선교사의 죽음에 눈물을 흘렸다.

그 다음 달에는 머리기독교학교에 무장강도가 난입하여 총기를 난사하는 일이 일어났다. 팀과 레이첼을 비롯한 인터서브 선교사 자녀 대부분이 그 학교에 다니고 있었다. 그 사건은 파키스탄인 여섯 명의 목숨을 앗아갔다. 팀과 레이첼의 자녀 셋도 그 현장에 있었는데 그들은 밖에서 울리는 총소리를 들으며 다른 아이들과 선생님들과 함께 책상 밑에 몸을 숨기고 떨어야 했던 당시를 지금도 기억한다. 사건 직전에 학교가 시간표를 변경했는데, 덕분에 운동장에 있는 학생들 수가 적어 피해를 그나마 줄일 수 있었다고 한다. 이 사건으로 학교와 지역사회는 큰 충격에 빠졌다. 레이첼은 학교가 당분간 태국으로 옮겨 갈 수 있도록 도왔다.

그해 여름에 일어났던 강도 사건과 동료의 죽음, 그리고 학교의 총기 사건 이야기를 하는 팀과 레이첼의 얼굴이 말할 수 없이 슬퍼 보였다. 하지만 두 사람은 그 고통의 시간에 오히려 예수님을 어느 때보다 가까이 느꼈다고 했다. 임재하여 위로하시는 하나님을 경험한 것이다. 이 사건들과는 별개로 팀은 그동안 자신이 책임지고 이끌어 왔던 TEE 사역을 현지인에게 위임할 준비를 하고 있었다. 이들 부부는 하나님께서 정하신 때가 왔음을 감지했다. 무엇인지는 알지 못하지만 하나님께서 파키스탄 안에서 그들을 위해 새로운 사역을 준비하고 계심을 느꼈다.

2003년 초, 그들은 새로운 연간 계획표를 작성하면서 커다란 물음표를 그려 넣을 수밖에 없었다. 그리고 계획표에 "보는 것이 아니라 믿음으로 산다"라는 문구를 적어 넣었다. 그런데 그해 6월에 시작된 새로운 일이 그들의 예상을 완전히 뒤엎었다. 팀과 레이첼의 파키스탄 비자가 거절된 것이다. 다른 외국인들의 비자는 문제없이 갱신되었다. 하지만 비자 발급이 거부된 팀과 레이첼 부부는 파키스탄을 떠나야 했다. 청천벽력 같은 소식에 일단 그들은 휴식기를 가지며 앞으로의 거취를 놓고 기도하기로 했다. 휴식 중 팀은 주님의 음성을 들었다. "요르단으로 가서 TEE 사역을 하거라."

생각지도 못한 일이었다. 파키스탄에서만 15년을 살아온 그들에게 요르단이라는 나라는 생소한 곳이었다. 휴가에서 돌아오니 모든 일이 일사천리로 진행되었다. 8월, 그들은 이미 요르단에 도착해 있었다. 놀랍게도 인터서브는 이미 요르단으로 선교사를 파송할 준비를 마치고 기다리고 있었다. 그곳에서 팀은 아랍 세계를 위한 TEE 사역에 참여했고, 레이첼은 인터서브의 온트랙 코디네이터(On-Track Coordinator)로 섬겼다. 그렇게 행복한 2년을 보낸 다음, 그들은 잠시 영국으로 돌아가기로 결정했다. 장남이 대학에 갈 때가 되었기 때문이다.

돌아갈 때가 된 것은 그들도 알았지만 그렇다고 서구 세계로 돌아가는 것이 마냥 기쁘지는 않았다. 인터서브 선교사뿐 아니라 전 세계에 흩어진 모든 선교사들이 그러하듯, 오랜 기간 현장에서 섬기다가 본국으로 돌아간다는 건 그 자체만으로도 큰 도전이었다. 그렇기에 귀국 결정이 최선이 아닌 차선으로 느껴지는 것이 일반적이다. 고국이 낯설게 느껴져 소속감을 느끼지 못하고 겉돌거나 인생의 가장 중대한 목적을 놓치는 일도 빈번히 일어난다.

팀과 레이첼도 피해 갈 수 없었다. 중동 지역에서 사는 것과 비교할 때, 영국으로 돌아가는 것이 마치 블랙홀 속으로 들어가는 것만 같은 기분을 지울 수 없었다. 영국으로 떠날 준비를 하던 중 레이첼은 느보산으로 수련회를 갔다. 그곳에서 주님 앞에 그녀의 마음과 감정을 털어놓자 주님은 레이첼에게 이렇게 말씀하셨다고 한다. "네게는 블랙홀처럼 느껴질지 몰라도 나는 그곳을 형형색색의 만화경으로 바꿔 놓을 것이다."

2005년 그의 가족은 영국으로 돌아가 옥스포드의 헤딩턴 거리 근처에 위치한 지금의 예쁘고 하얀 집에 살게 되었다. 거실에 파키스탄 카펫을 깔고 소파에는 낙타 쿠션을 올려놓았다. 그리고 이제 무엇을 해야 할지를 놓고 주님께 기도했다. 팀은 이미 옥스포드의 교회로부터 지역사회 무슬림 선교 담당자로 일해 달라고 공식 제의를 받은 터였다. 팀은 그 제의를 거절했다. 그 지역 무슬림을 만나는 일이라면 큰 관심이 있었지만 자신이 교회 대표로 나서서 그 일을 하기보단 교회가 그 일을 직접 감당할 수 있도록 교인들을 훈련하는 일에 더 관심이 있었기 때문이다.

팀과 레이첼이 영국을 떠나 있는 동안 영국 내 무슬림 인구는 배로 증가했다. 이민자와 유학생 수가 늘어난데다가 무슬림의 높은 출산율도 여기에 기여했다. 팀과 레이첼이 옥스포드로 돌아온 2005년, 영국의 무슬림 인구는 300만 명을 육박했다. 옥스포드만 해도 상당수의 무슬림이 살고 있었다. 쇼핑센터에서 가판대를 운영하는 어떤 그리스도인 남성의 말로는, 그가 만나는 무슬림들은 주로 사우디아라비아, 이란, 리비아 출신이라고 했다. 정작 그들 나라에 가선 무슬림들과 교제하기가 힘든데, 여기선 오히려 그들이 제 발로 가판대에 와서 자기 나라 말로 된 성경이나 영화 〈예수〉 DVD에 관해 문의하다니! 종교 제약이 없는 새로운 나라에서 살다 보니 호기심이 생겨서일까?

팀과 레이첼은 하나님께서 전에 없이 열방을 한데 섞고 계심을 분명히 느낄 수 있었다. 옥스포드 브룩스 대학교 재학생의 국적을 세어 보면 128개나 된다고 한다. 온갖 다양한 이슬람 국가 출신의 유학생들이 여기에 포함된다. 수천 명의 영국 그리스도인들에게 무슬림 이웃과 동료들이 생긴 것이다. 얼마나 신나는 일인가?

이 많은 그리스도인들이 이제는 굳이 여권을 들고 해외에 나가지 않아도 쉽게 무슬림 이웃들에게 다가갈 수 있게 되었다. 힘들게 외국어를 배울 필요도 없다. 그냥 친구가 되기만 하면 된다. 쉽사리 무슬림들에게 다가갈 수 있게 되었고, 서구 그리스도인들이 직접 선교에 뛰어들도록 도울 수 있다는 생각에 신이 난 팀은 이를 위한 가장 효과적인 방법을 연구하기 시작했다. 그가 교회에서 제안한 자리를 수락한다면 그 지역에 사는 약 30여 명의 무슬림들과 사귈 수 있을 것이다. 그러면 그 다음에는? 영국에 사는 300만 명의 무슬림들은 어떻게 하고? 누가 그들에게 다가갈 것인가?

팀은 "모든 나라에 가서 예수님을 전하라"는 명령이 단지 오지의 미전도 종족만 대상으로 삼으라는 말씀이 아니라 옥스포드든 뉴욕,

시드니, 암스테르담, 밴쿠버든 간에 바로 내 주변에 살고 있는 '미전도 이웃'도 돌아봐야 한다는 뜻임을 사람들에게 알려 주고 싶은 마음이 간절했다. 물론 해외 미전도 종족들에게 선교사를 파송해 기도와 재정과 목회를 통해 그 사역을 지원하는 역할을 교회가 감당해야 한다는 점에는 팀도 동의한다. 하지만 당장 우리 눈앞에, 지역 사회에, 직장에 다양한 언어를 사용하는 다양한 민족들이 있잖은가? 그들 역시 그리스도가 목숨을 버리신 이유요, 하나님께서 사랑하시는 사람들이다. 하지만 그들 중에는 복음을 들어본 적 없고 그리스도인의 집에 들어가 본 적도 없는 이들이 여전히 많다.

팀은 교회 내 평신도들을 훈련시켜 무슬림 이웃에게 복음을 전할 수 있도록 준비시키겠노라고 결심했다. 이를 위해 기도하고 고민하던 중 그는 고든이라는 사람을 만나게 되었다. 고든 역시 평신도들을 훈련시켜 무슬림 이웃을 전도할 수 있도록 하는 일에 관심이 있었다. 일단 두 사람은 그 지역에서 여러 교회에 속한 그리스도인들을 초청하여 그들과 함께 일주일에 한 번씩 새벽기도 모임을 가지면서 하나님의 인도하심을 구했다.

"우리는 완전히 백지상태였어요." 팀이 말했다. "아무런 틀 없이 어떤 일을 시작할 때 오히려 자유로울 수 있습니다. 그럴 때는 주님께 재정이나 사람을 보내 달라고 구하진 않거든요. 그냥 이렇게 기도할 뿐이죠. '주님, 저희를 어떻게 사용하려고 하십니까?' 어쩌면 그것이 사역을 시작하는 가장 좋은 방법일 수 있습니다."

시간이 흐르면서 하나님은 팀, 레이첼, 고든 주변에 사람들을 붙여 주시고 다섯 가지 목표로 이루어진 비전을 심어 주셨다. 우선 그들은 옥스포드는 물론 전 세계에 흩어져 있는 무슬림들을 위해 기도하기를 원했다. 그런 다음 평신도들이 무슬림 이웃들에게 다가갈 수 있도록 훈련시키기를 원했다. 세 번째로는 이슬람 배경에서 자란 개종자들이 그리스도 안에서 강건하게 자라도록 돕기를 원했다. 무엇보다도 옥스포드에서 무슬림을 상대하려면 어느 정도 학문적인 수준을 갖춰야 했다. 마지막으로, 이들은 교회가 이슬람 세계로 선교사들을 보낼 수 있도록 돕는 일을 하고 싶었다.

참으로 근사한 목표가 아닌가! 사역 계획에 어느 정도 윤곽이 잡히자 그들은 이 사역에 '마하바'(아랍어로 '사랑'을 뜻한다)라는 이름을 붙였다. 애초부터 그들은 교회를 대신해서 이 사역을 감당하는 '대리인'은 되지 말자고 결심했다. 그보다는 교회가 이 목적들을 스스로 달성해 나갈 수 있도록 교회를 돕는 쪽으로 방향을 잡았다. 선교 '전문가'가 아니라 평신도가 앞장서야 하는 사역이었기에 훈련은 필수였다. 그들은 '친구 먼저'Friendship First라는 프로그램을 시작했다. 6주 짜리 참여유도형 과정으로 평신도들이 무슬림 친구나 이웃들과 어울리며 그들을 이해하고 사랑하고 나눌 수 있도록 돕는 프로그램이었다.

무슬림을 공포의 대상으로 여기는 수많은 '교회 다니는' 이들이 있음을 알게 된 팀은 이들의 잘못된 인식과 오해를 깨뜨려 주고 싶었다. 그래서 전문가의 도움으로 종교 이슬람에 접근하기보다는 무슬림 친구를 사귀는 법, 무슬림을 사랑하는 법에 대해 먼저 가르치기 시작했다. 이슬람 문화에 내재되어 있는 가치체계를 설명하고, 그것이 친구가 되는 과정에서 어떤 영향을 미치는지를 가르쳤다. 교육과정 중에는 모스크 견학도 있었다. 참가자들은 교육과정 내내 과제를 수행하고 실생활에서 겪은 일들을 나눠야 했다. 이 프로그램은 다섯 차례나 운영되었고 2010년에는 이를 영상으로 제작해 더 많은 이들이 훈련을 받을 수 있도록 했다. 지금까지 2,500명이 넘는 사람들이 이 프로그램을 수료했는데, 참가자 중에는 영국뿐 아니라 다른 영어권 국가의 사람들도 많다.

지역적으로 보면 이들 부부의 이웃과 친구들도 이 프로그램의 도움을 많이 받았다. 한 여성은 무슬림 이웃과 사귀고 싶은 마음이 간절했으나 어떻게 시작해야 할지 몰랐다. 일단 처음 다가가기 위해선 초대를 받거나 그에 상응하는 이유가 있어야 한다고 생각했기 때문이다. 영국에서는 초대받지 않고선 아무데도 갈 수 없다.

훈련을 받으러 온 그 여성에게 레이첼은 이야기했다. "초대장은 필요없어요. 그냥 케이크만 들고 가시면 됩니다."

그녀는 그렇게 해보기로 했다. "저를 보고 얼마나 반가워했는지 몰라요!" 후에 그 여성은 자신의 경험을 나누었다.

때로는 무슬림을 사귀기보다 이슬람 배경을 버리고 예수님을 믿기로 한 개종자들을 잘 양육하는 일이 더 힘들었다. 팀과 레이첼이 옥스포드로 처음 돌아왔을 때 그들은 옥스포드에서 그러한 개종자를 만나 본 적도, 그들에 대해 들어 본 적도 없었다. 하지만 그 후 몇 년간 많은 무슬림이 지역사회의 그리스도인들을 통해 예수님을 영접하기 시작하더니 그 수가 점점 늘어나 결국 40여 명에 이르렀다.

파티마라는 젊은 무슬림 여성이 있었다. 그녀는 휠체어를 타는 장애 여성을 돌보는 일을 하고 있었다. 어느 날 그 여성이 자신을 교회에 데려다 달라고 부탁해 파티마는 그녀와 동행했다. 그날 예배 중 파티마는 무언가 뜨거운 것이 몸통을 지나는 경험을 했다. 그러면서 울음이 터졌는데 도저히 멈출 수 없었다. 그녀는 그것이 주님이 그녀 가까이에 계신다는 뜻임을 어렴풋이 알 수 있었다. 이를 계기로 그녀는 예수님과 동행하는 삶을 시작했고, 오늘날 그녀는 다른 무슬림들에게 예수님 전하기를 아주 좋아하는, 기쁨 가득한 그리스도인이 되었다.

하지만 모든 일이 이렇게 시원시원하면 얼마나 좋으랴. 이슬람 국가에 사는 무슬림이 그리스도인이 되면 종종 심각한 위험에 노출되고 가족에게도 버림받는다고 팀과 레이첼은 설명한다. 많은 이들이 개종 사실을 아무에게도 알리지 않고 다른 그리스도인들과 비밀리에 교제하는 이유가 여기에 있다. 북아프리카에 사는 헬렌의 친구 아미나가 그랬다. 하지만 그렇게 사는 게 보통 힘든 일이 아니다. 그런데 서구 사회에 사는 무슬림이 그리스도인이 되면 여기에 정체성의 문제가 더해진다. 이미 그들이 살고 있는 사회도 그들에게 생소한 세계인데 그 안에서 또 다시 문화 이동을 해야 하기 때문이다.

이러한 상황을 과거의 경험에 비추어 보며 팀과 레이첼은 개종에 따른 변화와 정체성의 문제가 얼마나 복잡한 것인지를 깨닫기 시작했다. 팀은 박사 과정에 들어가 개종에 따른 정체성 문제를 주제로 연구를 시작했다. 그는 이슬람 배경을 가진 그리스도인들에게 지속적인 관심과 지원, 제자훈련이 필요하다고 설명했다. 예배 후 5분 정도 주고받다가 끝나는 대화 이상의 관심 말이다. 무슬림이었다가 개종한 그리스도인들에게는 새로운 가족, 새로운 공동체, 새로운 소속감이 필요하다. 그들에게는 함께 식사하고, 함께 생일을 축하하며, 함께 크리스마스를 보낼 사람들이 필요하다. 무엇보다 그리스도의 제자로 살아가는 방법을 가르쳐 줄 누군가가 절실하다.

하지만 누가 나서서 교회나 개인에게 이것을 가르칠 것인가? 팀은 마음에 맞는 사람들과 모여 이러한 비전을 나누며 '가족 맞이'Joining the Family라는 이름의 과정을 시작했다. 영국 교회들이 무슬림에서 개종한 그리스도인들을 이해하고 돌볼 수 있도록 돕는 프로그램이었다. 그와 동시에 팀은 『와서 따르라』라는 제목의 제자양육 교재도 집필했다. 이슬람 배경을 가진 개종자들을 관계성 기반으로 양육하는 도구로서 베드로전서를 기본으로 소속감, 가족, 경건의 삶을 포함하는 제자훈련의 다양한 측면을 다루는 교재다. 새 신자에게 현실 속에서 가장 도전이 되는 문제가 무엇인지 물어보면,

무슬림이었다가 개종한 그리스도인들에게는
새로운 가족, 새로운 공동체, 새로운 소속감이
필요하다. 무엇보다 그리스도의 제자로
살아가는 방법을 가르쳐 줄 누군가가 절실하다.

무슬림 가족들과 좋은 관계를 유지하고 그들을 가족으로 공경하며 살아가는 방법이라고 대답할 것이다.

이슬람 세계에서 개종이란 가족에게 큰 수치를 안겨 주는 일이다. 가족은 그들을 더이상 가족으로 받아들이지 않고 연락조차 끊는다. 개종자들은 심하면 살해 위협을 당하기도 한다. 결국 그들은 해결되지 않는 고통을 안고 살게 되는데, 그것은 단순히 가족에게 버림받는 데서 오는 고통이 아니라 자신이 가족에게 고통을 안겨 주었다는 죄책감에서 오는 고통이다. 어떤 개종자의 여동생은 파키스탄에서 결혼을 준비 중이었는데 오빠의 개종 때문에 파혼을 당했다고 한다. 신랑 측 가족이 신부 가족 중에 개종자가 있는 것을 불명예로 여겼기 때문이다. 그는 이 이야기를 팀과 레이첼에게 나누면서 눈물을 흘렸다. 여동생이 앞으로 다시는 결혼을 못하게 될 것임을 잘 알기 때문이었다.

그리스도인이 된 또 다른 젊은 무슬림 여성이 있었다. 그녀는 꿈을 꾸었는데 누군가 나타나더니 무슨 얘기를 해주더란다. 하지만 당시에는 들은 내용을 이해할 수 없었다. 그러다가 한참 후에 다른 그리스도인들을 만나 그 꿈을 이야기했고, 그들의 도움으로 마침내 꿈의 의미를 이해하게 되었다. 그리고 그들의 인도로 교회에 나가기 시작했다. 예수님을 위해 일생을 바치기로 결심한 그 여성은 이를 즉시 모두에게 알리고 싶어 했다. 그런데 같은 교회에 과거에 이맘(이슬람교의 지도자)이었던 남성이 있었다. 그는 몇 년 전 동아프리카에서 예수님을 만나 개종했는데, 그의 개종 소식을 들은 가족들은 즉시 그를 핍박하기 시작했다. 아버지는 그 자리에서 부자간의 연을 끊었고, 친척 중 한 사람은 그를 총으로 쏴 죽이려고 했다. 그렇기에 그는 새 신자가 된 이 젊은 여성에게 먼저 시간을 가지고 가족들에겐 차차 알리는 것이 좋겠다고 조언했다.

베트남에 있는 스프링도 베트남인 개종자들에게 같은 조언을 했다. 팀도 이에 동의했다. "물론 평생 비밀 신자로 숨어 살 수도 있다는 위험이 존재하긴 합니다. 하지만 우리가 그런 조언을 하는 건 가족들에게 개종 사실을 알리기에 앞서 시간을 가지라는 뜻이지요. 그 사이 새 신자는 자신의 변화된 삶의 모습을 가족들에게 보여 줄 기회를 얻거든요. 입술로 인정하기에 앞서서 말입니다. 하나님께서 그들 가운데서 일하시기 때문에 그들의 달라진 모습을 숨길 수 없답니다. 변화된 삶이 가장 큰 증인이잖습니까?"

새 신자들이 당면하는 두 번째 문제는 그리스도인이 된 이후의 삶을 어떻게 살 것인가, 무슨 기준으로 결정을 내리는가에 대한 것이다. 카디야라는 여성은 이전에 무슬림으로 살 때는 무엇을 먹고 입을지가 분명했다고 한다. 이슬람 세계에선 모든 것이 율법으로 정해져 있기 때문이다. 심지어는 욕실에 들어갈 때 어느 쪽 발부터 내딛어야 하는지도 법으로 정해져 있다. 하지만 이제 예수님의 제자가 되고 보니 예수 안에서의 자유라는 혼란스러운 개념 때문에 기존의 틀이 무너진 기분이 들었다. 하루 다섯 번 정해진 기도 시간을 따르지 않게 된 지금은 도대체 언제, 어디서 기도하란 말인가? 카디야 역시 언제든 하나님과 만나서 대화할 수 있고, 더이상 끝나지 않는 죄책감에 시달릴 필요가 없으며, 내면의 자유를 경험하게 되었다는 놀라운 사실에는 동의하지만, 여전히 누군가의 안내가 필요한 기분이었다. 매일 경건의 삶을 지키며 살고 싶은데 대체 어디서부터 어떻게 시작해야 하는 걸까?

표면적으로는 무슬림으로 사는 것보다 예수님을 따르는 삶이 쉬워 보인다고 팀은 설명했다. 지켜야 할 규율이 훨씬 적기 때문이다. 아니 어쩌면 우리는 그리스도인의 삶이 자유와 방종 사이의 어느 중간쯤이라고 여기는지도 모른다. 그러나 실제로는 예수님께 헌신한 삶이 모든 면에서 무슬림의 삶보다 훨씬 더 깊이 구도자적으로 사는 삶이다. 누군가 대신 값을 치르고 얻은 구원에 응하는 우리 마음의 문제이기 때문이다.

카디야는 새로 사귄 친구들과 더불어 그러한 깊고 헌신된 여정을 시작했다. 그들은 함께 문화에 대해 토론하고 용서에 관해 나누었다. 기도와 선행이 무슨 의미를 갖는지, 그것이 상을 받기 위한 것이 아니라 감사에서 우러나오는 행위라는 사실도 배웠다. 제자양육이란 복잡한 면이 있어 새 신자를 양육하기 위해선 일반적으로 대여섯 명이 동원되어 수년간 함께 교제하고 돌보는 과정이 필요하다고 레이첼은 덧붙였다. 그들에게 새로운 가족이 되어 주는 것이다.

이야기가 여기까지 흐르자 우리는 시장기를 느꼈다. 그래서 잠시 쉬면서 점심을 먹었다. 그런 후 레이첼이 나더러 산책을 나가지 않겠느냐고 물었다. 나도 거리로 나가 보고 싶었던 차였다. 우리는 헤딩턴 뒷골목을 같이 걸으며 레이첼이 옥스포드로 돌아온 지난 수년간 하나님께서 그녀에게 보여 주신 일들에 관해 이야기를 나누었다.

주님의 말씀대로 이곳에서의 삶은 만화경과 같았다. 마음이 상한 사람들이 겪는 강렬한 고통과 더불어 많은 이들이 예수님께로 돌아오고, 또 그들의 신앙이 성장하며 그것을 다른 이들에게 전하는 모습을 직접 목격하는 강렬한 기쁨 또한 경험하게 해주셨다. 그녀는 이와 같은 주님의 역사에 직접 참여했다는 사실만으로도 특별한 선물을 받은 것 같다고 말했다. 우리가 지나온 과거의 경험을 모두 사용해 우리의 미래를 준비시키시는 주님, 그러한 주님이 일하시는 방식을 조금이나마 엿볼 수 있는 특권을 누린 것이라고 말이다. 이민자 공동체든, 평신도 선교훈련이든, 무슬림과의 사귐이든, 방글라데시 선교 단기팀을 인솔한 경험이든, 제자훈련 교재를 개발한 경험이든, 글을 쓰는 일이든 간에 말이다.

마지막 말은 아마 나를 위한 이야기일지도 모르겠다. 나 역시 다른 선교사들의 사역을 기록하는 서술자로서 이 이야기, 그러니까 옥스포드에서 일어나는 놀라운 사역이나 제자양육의 열매에, 혹은 그동안 내가 아시아와 아랍 세계에서 수집한 열 개 이야기의 일원이 되고 싶은, 혹은 제자양육과 훈련의 열매에 동참하고 싶은 마음이 들기 시작했기 때문이다. 인터서브 선교사들의 이야기에는 뭔가 끌어당기는 힘이 있다. 그들의 이야기를 쓰면 쓸수록, 특히 섬김의 기쁨에 대해 쓸 때면 어느새 나도 그들의 이야기에 동참하고 싶다는 생각이 든다. 하나님께서 써 내려가시는 이야기의 일원이 되고 싶다는 마음 말이다. 그렇게 걷다가 알아차리게 된 것이 있다. 내 안에 대런과 내가 네팔로 돌아가게 되려나 하는 궁금증이 생기기 시작했다는 사실이다. 조만간, 하지만 너무 늦지는 않게 말이다. 어쩌면 시드니를 떠나지 않는다고 하더라도 지금 사는 곳이 아닌 다른 구역으로 이사하게 될는지도 모른다. 네팔 친구들과 어울려 살 수 있는 곳으로 말이다.

그날 밤 저녁식사를 마친 후, 나는 팀과 레이첼과 함께 마태복음 28장을 읽었다. 우리에게 주시는 말씀을 듣고자 천천히 읽었다.

열한 제자가 갈릴리에 가서 예수께서 지시하신 산에 이르러 예수를 뵈옵고 경배하나 아직도 의심하는 사람들이 있더라. 예수께서 나아와 말씀하여 이르시되 하늘과 땅의 모든 권세를 내게 주셨으니 그러므로 너희는 가서 모든 민족을 제자로 삼아 아버지와 아들과 성령의 이름으로 세례를 베풀고 내가 너희에게 분부한 모든 것을 가르쳐 지키게 하라. 볼지어다, 내가 세상 끝날까지 너희와 항상 함께 있으리라 하시니라(16-20절).

팀과 레이첼이 주님께 받은 명령은 '제자 삼는 것'이었다. 이들이 35년째 이 일을 하는 이유다. 열여덟 살에 해외에서 갭이어를 보내던 때부터 말이다. 파키스탄에서는 TEE를 통해 현지 그리스도인들을 위한 제자훈련 사역을 했다. 옥스포드에서는 '친구 먼저'라는 프로그램을 통해 영국의 그리스도인들을 위한 제자훈련 사역을 하고 있다. 많은 이들이 동역하고자 찾아온 덕분에 지금은 30여 명으로 구성된 마하바 네트워크가 영국 내에 조직되었다. '와서 따르라'라는 제자훈련 과정은 이제 영어뿐 아니라 다리어(페르시아어의 일종으로 아프가니스탄에서 사용된다)와 파슈툰어로도 제공된다. 현재 레이첼의 역할은 인터서브 내 국제 멘토링 코디네이터다. 청소년들을 가르쳐 열방을 제자 삼을 수 있도록 훈련하고, 나아가 그들이 직접 다른 이들을 훈련할 수 있도록 준비시키는 일을 하고 있다.

이제 오십 줄에 들어선 팀과 레이첼은 새로운 모험을 준비 중이라고 말한다. 막내아들도 대학에 들어가 잘 적응하고 있단다. 그래서 올해 10월에는 영국을 떠나 말레이시아 쿠알라룸푸르로 옮겨 갈 예정이란다. 그곳에서도 인터서브를 섬길 계획이다. 팀은 아시아 전역에서 현지인이 주체가 되어 일어나고 있는 제자운동을 지원할 계획이다. 현지 그리스도인들이 현지 상황에 맞게 제자로 살아가며 각자의 일터에서 일할 수 있도록 돕기 위해서다. 레이첼은 다른 사역과 병행하여 지금 맡고 있는 멘토링 코디네이터 역할을 계속할 예정이다.

두 사람은 나를 보며 미소 지었다. "우리는 동남아시아에서 살아본 적이 없어요. 아마 우리가 알던 것과는 전혀 다른 새로운 문화에 적응해야 할 거예요. 하지만 하나님께서 부르신다면 우린 결코 나이가 많다는 핑계를 댈 수 없어요. 너무 늦은 때란 없답니다!" 팀이 레이첼의 말에 고개를 끄덕이며 이어서 말했다. "언젠가는 영국으로 다시 돌아오겠죠. 그 전까진 눈을 크게 뜨고 주님이 우리 주변에서 하시는 일을 잘 지켜보려 합니다. 선교를 통해 우리가 얻는 최고의 이득은 하나님께서 하시는 일을 직접 보고 그 일에 동참할 수 있다는 것이잖습니까?"

나는 펜을 내려놓고 두 사람에게 감사의 말을 전했다. 두 사람의 이야기는 마지막 장을 완성하기에 완벽했다. 우리는 함께 주님께 감사의 기도를 드렸다. 인자하게도 열방을 우리의 현관문 앞까지 보내주시고, 우리가 문을 열어 그들을 환영하고 사랑할 수 있는 엄청난 기회를 허락하신 주님께.

내게 남은 날들

나오미의 이야기

레이첼과 헤딩턴 뒷골목을 걸으면서 얻은 깨달음 중에서 아직 말하지 못한 것이 있어 나눌까 한다. 참으로 시기적절했다. 나는 마침 인터서브 선교사들의 사역이 얼마나 독특하고 다양한지, 그리고 주님이 지금 하시는 그 일들이 얼마나 매력적인지에 놀라며 고개를 끄덕이고 있었고, 그중에서 내가 할 일은 무엇인지, 그렇다면 전혀 새로운 일을 하게 될 것인지 궁금하던 터였다. 어느 조용한 막다른 골목에 다다른 순간, 나는 주님께 그런 질문을 하고 있었다. 우리가 멈춰선 곳은 어느 붉은 벽돌집 앞이었다. 꽃을 잘 가꾼 정원과 하얀 페인트로 칠한 창틀이 있는 집이었다. 아주 예쁜 집이었지만 그게 누구집인지 몰랐다면 한번 보고 지나쳤을지도 모른다.

"이곳이 C. S. 루이스가 30년 동안 살았던 집이랍니다. 여기서 『나니아 연대기』 시리즈를 썼대요." 레이첼이 일러 주었다.

그 순간 나는 레이첼의 이야기와 네팔로 돌아갈 가능성은 완전히 잊어버리고 당장 집 안에 들어가 보고 싶은 마음뿐이었다. 한 남자가 나오더니 우리를 안으로 안내했다. 나는 까치발을 하고 조심스레 따라 들어갔다. C. S. 루이스가 타자기를 두드리던 책상에 앉아보았다. 팔꿈치를 책상에 괴고 창밖을 내다보았다. 집 뒤편으로 파우누스(고대 이탈리아 전원의 신)들과 춤추는 나무들, 그리고 숲속의 비버 가족이 보이는 것 같았다. 나는 책상에서 일어나 그가 쓰던 검은 타자기 옆을 지나 뒷문으로 나갔다. 레이첼과 나는 함께 숲속을 거닐며 그 누구보다 20세기 기독교 사상에 지대한 영향을 미친 이 남자에 관한 대화를 나누었다. 숲을 빠져나와 뒤편으로 몇 골목을 더 걸어 내려가니 그의 묘비가 세워진 교회가 나왔다. 아무 꾸밈없이 수수해서 알아보기 힘들 정도였다. C. S. 루이스는 떠났다. 자기할 일을 다 마치고.

그 순간 나는 바로 그 모습에서 인터서브 선교사들과 그들의 사역을 발견했다. C. S. 루이스의 삶과 사역도 그랬다. 방법은 다르더라도 말이다. 30년간 책상 앞에 앉아 타자기를 두드린 것이 그에게 맡겨진 일이었다. 우리도 우리의 할 일을 해야 한다. 누구는 책상에서, 누구는 길거리에서, 누구는 일터에서, 누구는 병원에서. 자기 할 일을 다하려면 온전한 헌신이 요구된다. 우리가 어디에 있든, 비자 문제가 생겨도, 겉으로 드러나는 열매가 없더라도, 정치적 문제가 있더라도, 허무한 기분이 들더라도 우리는 계속 걸어가야 한다. 주님이 우리에게 주신 재능을 통해 계속해서 주님께 영광을 돌려야 한다.

내가 만난 인터서브 선교사들은 주님이 주신 비전을 놓치지 않고, 끊임없이 언어를 공부하고, 계속 기도하고, 공동체의 일원이 되어 현지 상황을 민감하게 살피며, 현지인과 함께 일하는 이들이었다. 일생을 주님께 바치기로 작정하고 일찌감치 선교지로 떠난 이들이었다. 보상이나 인정을 바라지 않았다. 그저 섬기고자 했을 뿐이고 그 일을 계속하고 싶어할 뿐이다. 그들의 삶 가운데 보여 주신 주님의 은혜와 자비가 너무 커서 그 어느 것도 주님의 임재와 선하심에서 그들을 떼어 놓을 수 없음을 일찌감치 알았을 뿐이다. AK47 소총도, 밀림 속 반란군도, 국경에 진 친 백만 군대도 말이다. 강도가 현관문을 밀고 들이닥쳐, 전화로 비극적인 소식을 전해 들을 때에도, 침대에서 일어날 힘조차 남아 있지 않을 때에도 그들은 하나님의 통치하심을 믿었다. 그 어느 것도 하나님의 하나님 되심을 바꿀 수 없었다. 어떤 상황에서도 하나님의 사랑은 변함없었고, 그분은 여전히 찬양받기에 합당하셨다.

내가 배우고 알아야 할 것이 바로 이것이었다. 내 안의 깊은 허무함과 의문을 해소하는 답이었다. 하나님은 절대로 우리를 가혹하게 대하지 않으신다. 부드럽게 안내하고 이끄신다. 주님은 비자 발급이 거절되면 어떤 일이 일어나는지도 알고 계실 뿐 아니라 우리를 보낼 곳까지 미리 준비하는 분이시다. 하나님은 그분의 백성을 사랑하시며 우리를 위해 계획을 세우신다. 비록 우리 눈이 흐릿해 잘 보지 못하고 더이상 움직일 기운조차 남아 있지 않을 때에도 하나님은 변함없으시다. 우리에게 흠이 많을수록, 우리가 더 깨어질수록, 우리가 더 애통해 할수록 더 많은 주님의 빛이 우리를 통과할 수 있다.

나는 누가처럼 매주 현지인 치과 의사들과 모여 세미나를 진행하며 주님의 진리를 가르칠 자신이 없다. 일레인처럼 쉰 살에도 새로운 티벳 방언을 두 종류나 배우는 일에 도전하지 못할 것 같다. 그렇다고 내가 맨홀에서 자는 수천 명의 노숙자들을 먹이는 마거릿처럼 될 수도 없는 노릇이다. 스콧처럼 다른 나라에 가서 그 나라 최고의 도기 수출업자가 되는 것도 불가능하다. 존이 했던 것처럼 우르두어 복음성가를 수백 곡이나 만들어 복음 전도에 활용하는 것도 내가 할 수 있는 일이 아니다.

그럼에도 불구하고 나는 주님이 일하고 계시기에 힘을 얻는다. 주님은 노숙자들과 미전도 종족과 티벳의 불교 신자와 어린이들과 옥스포드의 이민자들과 말칸기리에 사는 본도 부족민과 신드의 힌두 무용수들과 베트남의 대학생들과 아프가니스탄의 전쟁 희생자들과 북아프리카의 도기장이들, 그리고 우리 동네 이웃들 가운데서 일하고 계신다. 주님은 사막 한가운데서도 자두나무를 기르고 열매 맺게 하는 분이시다. 우리가 볼 수 있든 없든 주님은 날마다 일하시고 우리의 기도를 들어주신다. 주님은 그들을 사랑하신다. 어느 날 예수님께서 다시 오실 것이다. 예수님은 모든 것을 새롭게 하시고, 모든 사람의 눈물을 닦아 주실 것이며, 불끈 쥔 모든 주먹을 부드러운 손길로 펴 주실 것이다. 주님은 내 주먹도 펴 주실 것이다. 주님은 이 모든 것을 약속한 그대로 이루어 주시는 분이다. 그날이 올 때까지 주님은 계속해서 기도하고 나누고 전진하고 사랑하고 주의 일에 동참하라고 우리를 부르신다. 주님이 다시 오실 그날까지. 우리는 주님의 사랑을 받은 자들이기 때문이다.

옥스포드에서 일정을 마친 후, 나는 다시 버스를 타고 빅토리아로 가서 기차를 타고 오핑턴으로 갔다. 일주일 뒤에는 호주 행 비행기에 몸을 실었다. 돌아오는 비행기 안에서 나는 영화 두 편을 보고 버터치킨(인도식 커리의 일종)을 먹었다. 그러고는 수첩을 다시 꺼내어 아주 긴 글을 써 내려갔다. 보라색 펜으로 쓴 나를 위한 글이었다. 그 글에 "내게 남은 날들, 어떻게 살 것인가"라는 제목을 붙였다.

끝나지 않는 인터서브 이야기

폴의 이야기

나는 우리 집안의 4대째 선교사다. 나의 증조부, 조부, 부친 모두 선교사로 주님을 섬겼다. 우리가 특별한 역사를 보는 세대라는 점은 참으로 감사한 일이다. 그중 가장 특별한 역사는 모든 열방에 여러 모양으로 교회가 존재한다는 것이 아닐까? 나와 우리 가족의 선교 여정은 복음 전하기가 세계에서 가장 어렵다는 곳에서 시작되었다. 사람마다 가장 험한 지역을 꼽는 기준이 다르겠지만, 일반적으로 인터서브가 들어간 지역, 그러니까 아시아와 아랍 세계에 그런 꼬리표가 붙곤 한다. 이 세대는 아무리 험한 지역에서도 하나님의 사람들이 모여 예배하는 세대다. 이것이 바로 지난 25년간 하나님께서 보여 주신 놀라운 역사다. 할렐루야!

오늘에 이르기까지 평탄하진 않았다. 갈등과 대립이 만만치 않았다. 나라마다 정부들은 신성모독, 개종, 배교와 관련된 법령을 새로 만들고 종교 규제를 강화하여 예수님 따르는 일을 현실적으로 불가능하게 만들고 있다. 오늘날 세계 인구의 70퍼센트가 종교의 자유가 없거나 지극히 제한된 제3세계 국가에서 살고 있다. 그런 국가에서는 기독교가 가장 큰 핍박을 받는 종교에 속한다.[*]

그럼에도 불구하고 사람들은 예수님을 따르는 길을 선택해 왔고 지금도 그렇게 하고 있다. 그들은 꿈과 환상을 통해, 한 사람의 삶을 변화시키는 사랑과 친절의 행위 속에서, 정의와 공의를 향한 부르짖음 속에서 하나님이 살아 계심을 증거하고자 역경을 넘어서는 하나님 백성들의 공동체를 통해 예수님을 만난다. 이렇듯 하나님은 사람을 변화시키는 기적들을 통해 그분의 교회를 세우신다. 그 이야기는 아직도 끝나지 않았다.

인터서브가 160년이 넘도록 이러한 하나님의 이야기에 동참할 수 있었던 것은 커다란 영광이다. 인도 아대륙에서 규방에 갇혀 생활하는 여성들의 영육간의 필요를 알아 보았던 초창기 여성 선교사들을 시작으로 인터서브 선교사들은 주님의 눈으로 세상을 바라보고자 했다. 구주 예수님의 초청을 받고 그들은 주님을 따라나섰다.

---

[*] http://worldea.org/news/4475/political-changes-in-south-asia-threaten-people-of-faith-wea-co-sponsors-event-at-human-rights-council-in-geneva

주님의 사랑을 가장 이해하지 못하는 이들에게 주님의 사랑을 몸소 전했다. 노숙자와 도기장이, 학생, 마을 주민, 사나운 반대자들, 그리고 진리를 찾는 사람들이 그 대상이었다. 인터서브 선교사들은 지극히 놀라우신 하나님을 충성스럽게 섬기고자 하는 지극히 평범한 이들이다. 그들은 힘없고 약하지만 사막에서 나무를 자라게 하시는 이가 하나님이라는 확신을 가지고 있다. 나 역시 다른 것은 몰라도 하나만은 확실하게 알고 있다. 그리스도가 중심이 되어야 한다는 것이다. 선교단체의 대표 입에서 나온 말이 기껏 누구나 아는 뻔한 소리라니 의아할 수도 있겠다. 하지만 지난 25년의 여정에서 내가 날마다 배운 것은 선교의 가장 기본, 즉 '중심이신 예수님'이었다. 이것은 나를 비롯한 우리 모두의 삶에서 기본으로 삼아야 할 개념이다.

인터서브에는 목적을 제시하고 이를 끌어 갈 비전과 사명선언문이 있는가? 그렇다! 인터서브에는 전략이 있는가? 물론이다. 예배하고 기다리는 것, 기도하고 중보하는 것, 주의 말씀에 귀 기울이고 순종하는 것이다. 이는 전적으로 주님만 의지하고자 하는 우리의 태도를 표현하는 방식이며, 동시에 인터서브의 정체성과 역할을 결정 짓는다. 중앙아시아의 노숙자들이 내게 그것을 보여 주었다. 모든 것이 엉망일 때, 삶의 무게가 너무 무거울 때, 아무것도 남지 않았을 때 예수님이 그곳에 계셨다. 우리가 열매 맺는 삶을 사는 것은 주님을 얼마나 의지하느냐에 달렸다. 우리의 약하디 약한 모습으로 기쁨 가득한 예배를 드릴 때 그것이 표현된다. 하나님을 예배하고 그분께 의지해서 사는 법을 배울 때, 우리는 비로소 그분의 노래를 부를 수 있다. 아무리 낯선 상황 속에서도 그럴 수 있다.

인터서브에서 섬기는 우리도 종종 시험을 받는다. 주님을 얼마나 의지하는지 확인받는 시간이다. 우리가 세운 계획과 목적이 좌절될 때가 그렇다. 비자 연장이 거절될 때가 그렇다. 열한 명의 팀원들이 4년간 힘들게 일군 사역지가 단 6개월 만에 원점으로 돌아갈 때가 그렇다. 막 열매를 맺기 시작한 사역지를 두고 떠나야 할 때가 그렇다. 자원 부족으로 야심차게 세운 계획이 시작도 못하고 좌초될 때가 그렇다. 공동체 안에 유언비어가 퍼지면서 이에 현혹된 구성원들이 프로젝트의 시작을 방해할 때가 그렇다. 종교 탄압이 심해지면서 교회를 등록제로 관리하려는 정부의 새 규제 때문에 교회 활동이 크게 제약 받을 때가 그렇다. 이 모든 상황 속에서 우리는 하나님만 전적으로 의지할 수밖에 없다.

하지만 선교사 한 사람 한 사람의 삶을 가만히 들여다보면 이야기는 거기서 끝나지 않는다. 그들의 이야기는 뭔가 더 큰 이야기의 일부에 불과하다. 하나님께서 쓰시는 이야기의 일부다. 결말을 굳이 알아야 내게 맡겨진 부분을 쓸 수 있는 것은 아니다. 우리는 그저 하나님을 우리 삶의 중심에 모시고 우리에게 맡겨진 부분을 써 내려갈 뿐이다. 그 이야기는 경찰이 찾아와 브라이언과 크리스틴에게 즉시 그 나라를 떠나라고 명령을 내리는 것이나, 일레인이 새 언어를 배우러 다른 곳으로 옮겨 갔는데 21년이 지난 지금도 여전히 언어를 배우고 있더라는 데서 끝나지 않는다. 그 이야기는 하나님의 사람들이 그런 혼란과 불확실성 속에서도 여전히 주님께 충성하고 순종하며 주님을 중심에 모시고 살기로 결단했다는 것이다.

그것이 지난 25년간 인터서브가 써 내려간 이야기다. 우리는 계획을 세우고 목적을 정하며 이것이 주님의 보호하심 아래서 이루어지기를 소망했다. 우리는 계획을 세우고 목적을 정하는 일에 할애하고자 따로 떼어 놓은 시간에도 예배하고 주님만을 의지하고 따르는 편을 선택했다. 나는 이것이 계속해서 우리의 이야기가 되기를 기도한다. 하나님께 의지하는 삶을 '다음세대 세우기' 프로젝트의 핵심으로 잡은 이유다.

인터서브가 얼마나 하나님을 의지하는지는 제자양육을 향한 그들의 헌신도를 보면 알 수 있다. 제자양육은 예수님께서 우리에게 남기신 지상명령의 중심 개념이다. 인터서브는 소속 선교사들이 열방에 흩어져 예수님의 제자를 만들고 예수님과 동행하면서 그 안에서 자기 자신도 성장하고 성숙할 수 있도록 돕는 일에 헌신해 왔다. 제자도란 예수님을 주인으로 삼고 예수님 안에서 삶을 살아내는 것이다. 누군가를 제자 삼는다는 것은 우리가 먼저 스스로 제자로 살아갈 때 가능한 일이다. 제자 되는 것과 제자 삼는 것은 유기적이고 역동적이며 상호의존적인 과정이다. 예수님의 제자가 되어 가는 나 개인의 성장 없이는 다른 이들을 제자로 키울 수 없다. 마찬가지로 다른 사람이 제자로 자라는 과정 속에서 나 또한 자란다. 두 과정은 공생의 관계다. 그러므로 나의 영성을 훈련하는 것도 제자양육이라는 커다란 맥락 안에서는 선교 활동이 될 수 있다.

제자 삼기는 개인의 노력으로 되지 않는다. 하나님은 개인인 나를 다루시며 공동체라는 맥락 속에서 그 일을 하신다. 그렇기에 인터서브라는 공동체가 우리에게 소중하다. 공동체 없이는 영성도 깊어질 수 없음을 우리는 경험으로 배웠다.

내가 다른 데서도 언급했듯이 진정한 공동체는 모든 약한 모습과 솔직함을 수용하여 진짜 성장을 돕는 안전한 곳이어야 한다. 진정한 공동체는 고정관념, 자기만족, 정체, 정치적 정당성을 방패막이로 행하는 모든 타협을 깨부술 수 있는 정직한 곳이어야 한다. 진정한 공동체는 소속감과 치유와 도전과 영감을 일으키는 곳이어야 한다. 무엇보다도 진정한 공동체는 우리를 지켜보는 세상을 향해 주님의 주인 되심을 드러내는 곳이어야 한다. 진정한 공동체는 우리를 변화시켜 예수님을 증거하는 삶을 살게 만드는 가장 강력한 조직이다. 지난 25년간 배워 온 이러한 교훈 덕분에 나는 단언한다. 인터서브에서 섬기는 우리 모두가 예수님을 따르는 공동체의 일원으로 살아야 한다고 말이다. 예수님과 교제할 때 비로소 예수님은 우리가 자라고 성장하도록 도우신다. 이는 다음세대를 향한 우리 비전의 일부다.

리즈와 내가 인터서브에 오게 된 것은 인터서브가 가진 총체적 선교 방침에 이끌려서다. 이는 선포와 섬김, 교제를 통해 하나님의 총체적인 성품과 그분의 놀라운 구속 역사를 증거하기로 작정한 삶을 말한다. 내가 누가 선교사의 사역을 좋아하는 이유다. 현지인들에게 수준 높은 치과 교육을 제공하면서 돌보는 것은, 스스로 예수님의 제자가 되고 다른 이들 역시 삶의 모든 영역에서 예수님을 주인으로 받아들이도록 돕는 여정의 중요한 부분이다.

인터서브는 사회의 모든 영역에서 변화가 일어나도록 힘쓴다. 제자도란 그런 것이다. 중앙아시아의 가장 힘없는 자들 사이에서 일하는 마거릿의 사역에서부터 권력자의 삶에 영향을 준 스프링의 사역에 이르기까지 인터서브 선교사들은 개인의 삶과 공동체를 변화시키는 일에 힘써 왔다. 그렇기에 지뢰, 갈등, 근본주의적 종교의 접근과 같이 고통을 초래하는 불의에 분개하는 것도 예수 그리스도의 주인 되심을 선포하는 행위의 일부라고 할 수 있다. 그렇기에 같이 앉아서 차 마시기, 서로의 삶 나누기, 초록색 체크 무늬 식탁보 위에 성경 펼치기도 중요한 사역인 것이다.

최근의 선교 동향에서 보이는 감소 현상이 염려스럽다. 최근 선교 역사에서 두드러지는 두 가지 접근 방식이 하나님나라의 복음을 축소시키는 결과를 가져왔다. 때로 우리는 하나님나라를 완전히 영적인 세계로 취급해 버리곤 한다. 마치 딴 세상의 이야기처럼 말이다. 전도와 교회 개척에 대한 관심이 바른 신념을 가지고 있는가의 문제로 변해 버릴 수 있다. 또 가끔은 자비와 정의로운 행위로 복음을 축소시키기도 한다. 이런 문제는 지금도 여전하다. 하지만 하나님나라의 증표는 우리의 삶을 주님께 드릴 때 드러난다. 우리는 얼마든지 하나님나라가 주는 유익을 다른 사람들에게 소개할 수 있다. 정작 그 나라를 다스리는 왕은 소개하지 않은 채 말이다. 인터서브의 지난 25년간, 우리는 하나님나라와 왕이신 하나님을 분리하지 않고 꼭 붙들고자 무진 애를 썼다. 내가 제자가 되고 이웃을 제자 만드는 데 초점을 맞추면 이 두 가지를 한꺼번에 붙드는 것이 가능해진다.

나는 앞서 이 세대가 누리고 있는 특권을 언급했다. 지금은 전 세계 모든 국가에서 교회가 탄생하는 모습을 지켜볼 수 있다. 이러한 현실은 인터서브가 '다음세대 세우기'라는 프로젝트를 시작할 수 있는 원동력이 되었다. 교회가 세계 어디서나 어떤 형태로든 존재한다는 사실은, 이제 우리 선교에 패러다임의 전환이 필요하다는 뜻이다. 인터서브 설립자들은 그것을 '그러한 교회를 섬기는 종'이 되는 것으로 보았다. 오늘날 그 말은 단순히 일꾼들을 보내어 사람들을 돕는 것이 아니라, 아시아와 아랍 지역의 가장 힘든 곳으로 들어가 하나님께서 세우고 계시는 교회의 일부가 되어 섬기는 것을 의미한다. 그래서 하나님의 선교 목적을 함께 이루어 가는 것이다.

나는 인터서브가 교회를 향한 섬김이 남긴 유산을 기반으로 이러한 교회들과 관계성을 잘 세우고 사역의 형태를 잡아 가기를 바란다. 하나님의 말씀을 따르고 성령의 권세를 받은 교회는 하나님께서 화목, 구원, 회복의 선교 사역을 이루기 위해 가장 주요하게 사용하시는 인간적인 도구다. 인터서브는 '선교 공동체'로서 초교파적이고 초국가적인 교회를 정당하게 표현한다. 그러므로 인터서브는 교회의 전문가 영역으로서 교회로부터 분리되는 것이 아니라 오히려 교회 안으로 들어가 섬겨야 한다.

선교의 필요는 여전히 어마어마하다. 수천 수백만의 공동체가 여전히 예수님을 증거하지 못한 채로 남아 있다. 세계 여러 나라에서 모인 선교사들은 여전히 총체적 선교의 모범을 보여 줘야 하고 촉매제 역할을 감당해야 한다. 나는 아시아와 아랍 세계의 교회를 볼 때면 신이 난다. 우리가 하는 일은 비록 미미하고 보잘것없어도 하나님 그늘 아래 있는 한 우리에게는 이웃에게 다가갈 수 있는 힘이 생긴다. 질긴 문화의 장벽을 넘어 우리와 다른 이들에게도 가까이 다가설 수 있는 것이다.

선교가 실제로 일어나는 현장에서, 그리고 단순히 후원이나 협력에서 그치지 않고 다양한 국적의 사람들이 직접 들어와 현지교회와 더불어 일하는 곳에서 선교 모델이 만들어지는 데는 여러 이유가 있다. 인터서브가 들어간 아시아와 아랍 세계에 존재하는 교회는 이러한 모델에 도전을 준다. 인터서브는 어떤 패러다임이 하나님의 사역을 높이고 교회를 세워 나가는지를 놓고 계속 연구 중이다.

인터서브가 그동안 보여 준 헌신이 앞으로 우리가 교회와 어떤 모양으로 일해야 하는지를 안내해 주리라는 생각에 기대된다. 우리는 그러한 교회의 일부다. 전 세계의 교회와 선교 현장에 세워진 현지교회가 하나님의 선교에 완전히 동참하도록 돕는 것, 그것이 우리의 핵심 목표다. 인터서브는 모든 분야에서 교회와 일하면서 아시아와 아랍 세계의 민족들 사이에서 이루시는 하나님의 선교에 동참한다는 동일한 비전을 지니게 될 것이다. 우리 모두가 다양한 접근방식을 개발하여 교회와 일했으면 한다. 우리는 교회와 함께 이 여정을 함께 걸어가며 더불어 성장하는 배움의 공동체가 되기를 원한다.

많은 인터서브 선교사들이 교회가 이웃을 이해하고 사랑과 긍휼로 이웃을 대하여 이방인을 환영하고 그들과 함께 제자가 되어 갈 수 있도록 돕는 일에 귀감이 되고 있다. 중앙아시아에서 섬기는 마거릿은 그곳의 가장 작은 자들을 돌보면서 교회의 성장을 돕고 있다. 헬렌과 로버트는 현지교회가 소외된 자들을 돌보는 일에 직접 나서는 모습을 보고 있다. 존과 수는 복음의 상황화를 몸소 보여 줌으로써 남아시아 교회의 일부가 되고 있다. 팀과 레이첼은 기존의 서구 교회가 이웃을 돌보는 일에 비전을 가지고 이에 대한 책임을 지도록 도전한다. 인터서브가 아시아와 아랍 세계에 퍼져 있는 교회의 일부가 되어 모든 열방을 제자 삼으라는 주님의 지상명령을 수행해 나가도록 이끄시는 주님의 은혜에 감사한다.

교회의 일부가 되어 여정을 함께 해나가는 것은, 인터서브가 과거에 전통적으로 선교사를 파송하던 국가에서 도리어 선교사로 나온 이들을 공동체 안으로 환영하는 법을 배워 왔음을 의미하기도 한다. 지난 25년은 선교 인력이 폭발적으로 성장한 시간이었다. 온 사방에서 온 사람들이 하나님의 선교에 동참하여 온 사방으로 흩어져 섬겼다. 전통적으로 파송국가 역할을 담당하던 나라들이 선교지가 되었다. 전통적으로 선교지였던 국가들이 이제는 선교사를 파송하고 있다. 우리는 인터서브가 새로이 파송국가가 된 나라들, 즉 아시아, 중앙아시아, 아프리카, 남아메리카, 중동의 교회 및 선교기관들과 더 적극적으로 협력하게 되기를 바란다.

쉽지 않은 도전이었다. 나는 이러한 과정을 통해 선교 재정을 수립하고 다국적팀을 꾸리고 훈련을 제공하며 부르심을 점검하고, 또 다양한 상황과 맥락에서 선교에 참여하고자 하는 이들을 심사하기 위한 새로운 모델이 필요함을 깨달았다.

인터서브가 최초로 비서양인을 선교사로 받아들인 것은 1954년이었으며 그는 인도인이었다.* 이후 인도인 인터서브 선교사 수가 늘어나면서 큰 무리를 이루었는데, 이제는 인터서브에는 전 세계 모든 대륙 출신의 선교사들이 있다. 지난 25년은 도전의 시간이었다. 인터서브는 계속해서 문화적으로 수용하는 공동체로 성장하고 있다. 새로이 떠오르는 파송국가들이 지속 가능한 선교운동을 이끌어 나가는 것을 돕고 있다. 누가와 스프링은 아시아에서 일어난 선교운동의 열매를 보여 주는 대표적인 예다. 그들은 교회와 선교 안에 심으신 하나님의 목적을 이루고자 우리가 쌓은 경험을 더욱 풍성하게

---

*   샨티 랄(Shanti Lal) 박사는 마투마교회가 전적으로 후원하는 파송 선교사가 되었다. J. C. 폴락(J. C. Pollock)의 저서 *Shadows Fall Apart*(1958, Hodder and Stoughton)를 참조하라.

하고 그 지경을 넓히며 활기를 가져다주고 있다.

선교의 일부로 존재하는 온갖 위험과 고난을 빼놓고선 인터서브가 지나온 25년을 논할 수 없을 것이다. 그것은 어떤 이들에겐 그 나라를 떠나라는 정부의 명령을 받아들이는 것이었으며, 또 다른 이들에겐 약함과 질병, 수감, 비극적 사고 등이었다. 또 어떤 이들에겐 그것이 하나님의 사랑을 거부하는 자의 손에 죽임을 당하는 것이기도 했다.

이러한 경험들이 모여 우리는 하나님께서 아시아와 아랍 세계의 민족들 사이에서 이루고 계시는 교회 사역에 동참한다. 많은 이들이 개인의 희생과 고난을 무릅쓰고 예수님을 따르기로 선택했다. 브라이언의 이야기를 통해 우리는 많은 이들이 생명과 진리에 굶주려 있음을 알 수 있다. 그들은 희망을 알아본다. 하지만 그 대가가 때로는 너무 혹독하다. 나는 그들이 치러야 할 대가에 대해 고민해 왔다. 공동체와 가족의 소속감을 잃어버리고 사랑하는 가족들마저 불명예 낙인이 찍히고 만다. 우리의 형제자매들이 주님 앞에 나오는 데 장애물이 되는 것들이다.

그렇다고 우리가 전하는 메시지 혹은 우리 안의 예수 그리스도가 전해질 때 더불어 전해지는 뭔가 '불편하고 거북한 것'을 피하고 전할 수는 없다. 예수님은 죄인들, 힘없는 여성들, 사회에서 소외된 자들과 함께하셨다. 그 점 때문에 예수님은 많은 이들에게 조롱을 당하셨다. 우리의 행동이나 문화 관습이 어떤 형태로든 상대를 거북하게 하거나 불편하게 하지 않도록 무진 애를 써야 하는 것은 사실이지만, 그렇다고 우리가 '그리스도의 대사'로서 살아내는 삶의 방식과 전하는 말 속에 어쩔 수 없이 담기는 불편함이나 거북함을 타협하거나 최소화할 수는 없다.

인터서브에서 섬기는 우리는 개인과 공동체가 예수 그리스도를 만나 변화되는 모습을 보길 갈망한다. 우리는 하나님께서 때로 우리 안에 영적 성장과 예수님을 닮아 가는 변화를 일으키고자 고난도 사용하심을 안다. 우리는 우리의 삶이 그리스도를 닮아 갈수록 더 많은 사람들이 예수님 앞에 나아올 것임을 믿는다. 우리는 갖은 위험과 고난, 심지어 죽음에 대해서도 그리스도를 중심으로 반응하는 것이 소망과 새 생명의 메시지를 전달하는 다리 역할을 한다는 사실을 인정한다. 이는 사람들을 사랑하시고, 그들을 하나님께로 불러들이기 위해 기꺼이 고난을 받으시는 하나님이 실제로 존재하신다는 사실을 증거하는 삶이다. 교회를 향한 우리의 헌신이란 이러한 어려움을 통해 하나님을 높이고자 하는 이들과 어울려 그들 곁에 서겠노라는 약속이다.

이 책에 담긴 모든 이야기에서 그러한 헌신을 찾아볼 수 있어 참으로 자랑스럽다. 인터서브 선교사들이라고 해서 항상 답을 알고 있는 건 아니다. 그럼에도 제자가 되고 제자를 만드는 여정 속에서 십자가의 길을 걷기로 선택하는 본을 보여 주고 있다. 존이 형 마이크를 잃은 슬픔 속에서 새로운 사역의 문이 열렸다. 여전히 '왜'라는 질문에는 답을 얻지 못했음에도 불구하고 말이다. 아이리스, 브라이언, 크리스틴을 비롯한 다수의 선교사는 사역에 아무 열매가 없는 것 같은 때가 얼마나 힘든 시간인지를 잘 알고 있다. 그럼에도 그들은 지금 열매를 보고 있다. 하나님께서 세우시는 교회가 그것이다.

지난 25년간 인터서브가 걸어온 여정은 하나님께서 이미 이루신 것을 사용해 그 위에 어떻게 새로운 것을 세워 나가시는지 잘 보여 준다. 미래를 바라보며 우리는 아시아와 아랍 세계의 민족들을 섬기기 위해 부름 받은 자로서, 그리스도의 몸의 일부로서 인터서브의 사역에 헌신한다. 우리는 하나님의 선교에 동참하는 교회와 함께 섬길 것이다. 우리는 공동체 안에서 예수 그리스도의 제자로 성장한다. 우리는 사회의 모든 영역에서 변화를 일으키는 하나님의 사역에 동역자로 섬길 제자들을 양육할 것이다. 우리는 선교를 위한 협력을 세워 갈 것이다. 이 모든 것을 하나님의 영광을 위해 할 것이다.

사막에 자두나무가 자란다. 교회가 세워지고 있다. 참으로 흥미진진하다. 이것은 하나님의 이야기이기 때문이다. 놀라우신 우리 주님은 지극히 평범한 자들을 들어, 그들의 깨어짐과 약함을 들어 그분의 목적에 참여시키며 그들의 이야기를 쓰고 계신다. 하나님의 계시와 구원에 관한 커다란 이야기의 일부분으로 말이다. 선교는 하나님의 이야기다. 아시아와 아랍 세계의 교회와 동행하며 자두나무에 꽃이 피고 열매 맺히는 것을 보아 온 인터서브의 지난 25년이 그 이야기의 일부가 되어 왔음에 절로 고개가 숙여진다.

인터서브는

아시아와 아랍 세계의 민족들을 위해 부름 받은 그리스도의 지체로서 하나님의 선교에 참여하는 교회와 함께 섬깁니다. 공동체 안에서 예수 그리스도의 제자들로 성장합니다. 제자를 삼아 사회의 모든 영역을 변화시키는 하나님의 동역자들로 섬기도록 준비시킵니다. 선교를 위해 동역하고 이 모든 일을 하나님의 영광을 위해 합니다.

인터서브 사역과 선교지에 관한 정보가 필요하면 interserve.kr로 방문해 주십시오.